千古风雨赵王陵

粟恩庭题

王 兴　李六存　赵建朝　编著

文物出版社

序 [一]

近年，由于文物保护工作步伐加快，我们对邯郸战国赵王陵有了比较多的了解。由于在河北工作多年，我曾经多次到过邯郸赵王陵，每每被它恢弘的气势所震撼。步入陵区，蓝天白云下，太行逶迤，绵绵无际，平原辽阔，浩渺如海。山峦与平原交接处，只见一座座高耸的封土，远远望去好像一座座"金字塔"，耸峙岿然，巍峨雄伟，十分壮观。

赵王陵是目前已知保存最为完好的战国王陵体系，历史文化内涵十分丰富。几十年来特别是近几年来，河北省、市的文物部门对赵王陵的保护做了大量的工作，文物工作者付出了辛勤的努力，取得了一定的成果。近日得知，《千古风雨赵王陵》一书又将付梓，颇感欣慰。此书采用通俗易懂的文字，以雅俗共赏、图文并茂的形式，从介绍赵王陵相关人物、赵王陵现状入手，兼具赵王陵最新发现的文物资料，初步探讨了赵王陵几个相关的问题，尤为可喜的是，他们独辟蹊径，并大胆把赵王陵与秦始皇陵对比研究作为切入点，紧紧抓住"秦赵共祖"这一关键问题，深入探讨，认真阐述，表现了作者对赵文化执着的探索精神和良好的文化素养。

完整庞大的赵王陵墓群是研究战国历史和赵文化的第一手材料，对赵王陵的研究，将会成为古代丧葬文化纵深研究的突破点。赵王陵以纯朴的原生风貌和大量的文物古迹遗存，展示了战国时期陵寝建筑的设计理念、传统文化和艺术风格。赵王陵在选址上，体现了中国传统的风水文化理念，它融自然山水和人文建筑为一体，达到了人与自然的和谐统一。它宏大的建筑规模，精巧的陵区布局，严格的陪葬制度，都反映了古人"事死如生"的思想观念，显现了中国传统文化的深邃渊源。赵王陵建造的年代正处于"礼崩乐坏"之时，各种封建制度正在逐步形成，赵王陵集中体现了这一时期王陵建筑的极高水准。赵王陵的许多特点与秦始皇陵有太多的相似之处，这都为研究我国封建社会陵寝制度提供了弥足珍贵的资料。

随着社会经济的飞速发展，人民物质生活水平的不断提高，探幽访古，游览名胜，已经成为人们精神生活的一种追求。赵王陵由于地处偏僻，还不被更多的人认识。历经两千多年的风雨洗礼，它基本保持着纯朴的原生风貌。高大的陵墓群体，优美的自然环境，具有很强的观赏性。在科学规划的基础上，不断加强赵王陵的保护工作，深入挖掘赵文化内涵，对陵区进行绿化、美化，适度展示，赵王陵这个"养在深闺人未识"的宝藏，必将被世人所熟知。

我和作者相识多年，深知他们对家乡的热爱和对文物保护事业的执着。此书的出版凝聚着他们对文物保护事业的追求，在资料相当缺乏的情况下，能取得这样的研究成果，我为之感到高兴。在祝贺的同时，我更期望他们在今后能进一步做好赵王陵的保护工作，并取得更大成绩。

本书付梓之前，作者嘱我为之作序，是为序。

吴东风

序 [二]

古都邯郸，历史悠久，文化灿烂，源远流长。

赵王陵是战国七雄之一赵国的王陵集中区。

赵王陵陵区内，五个平整的陵台上耸立着七座高大的封土墓。虽然现在还不能明确各封土墓里的主人是谁，但是埋葬在这里的赵王们其在位时间至少涵盖了赵国迁都邯郸后的这一历史时期。

赵王陵是先人为邯郸留下的巨大文化宝藏，至今"藏在深闺人未识"。我们期待着能早日揭开她神秘的面纱。从一系列帝王陵的考古发掘中得知，地宫里多埋藏有大量的陪葬品，都是当时含有一定社会和文化意义的象征物或奇珍异宝。因此陵墓就成为了一个个地下博物馆，一座座古代文化的艺术宝库。赵王陵作为赵王的陵墓，承载有十分丰富的历史文化信息，这一座座地下艺术宝库之门的开启还有赖于文物工作者、科研工作者的不懈努力。

为弘扬古赵文化，扎实推进"文化强市"步伐，全市文博战线的同志们拼搏进取、开拓创新。《千古风雨赵王陵》一书是他们为了弘扬古赵文化而潜心研究、勤于笔耕、默默奉献的成果。

文化，是城市的魂和根。一个城市要具有鲜明的个性，卓越的风格，独特的魅力和吸引力，具备丰厚的文化内涵是其重要特征。几千年风雨匆匆，给古赵邯郸留下了丰富的文物遗存，形成了邯郸历史文化璀璨星空中众多的闪光点，这是历史厚馈给邯郸人民一笔非常宝贵的财富。丰厚的历史文化蕴藏了巨大的财富。随着社会经济的发展，邯郸文化的资源性逐渐显现出来，开发的价值也越来越大，文化产业将成为我市新的经济增长点。纵观几千年邯郸历史文化长河，古赵文化是其中最为辉煌壮丽的篇章，更是邯郸地方文化的灵魂。

赵王陵是邯郸9处全国重点文物保护单位之一，是邯郸文化的重要源头，加大对赵王陵保护和利用的力度，对我市经济发展具有十分重要的意义。着眼长远，立足当前，大手笔谋划，高站位起点，要重点对陵区进行绿化、美化并对出土文物进行陈列展示。把赵王陵与黄粱梦吕仙祠、古石龙、圣井岗、赵苑等文物遗迹连成一线，打造一条以赵王陵为龙头的我市西北部精品旅游线路。赵王陵、赵王城、武灵丛台、赵文化一条街、学步桥、赵苑等诸多的古赵名胜古迹成为邯郸赵文化最重要的窗口。把赵文化做成邯郸的"城市名片"，推动邯郸走向世界，让世界更好地了解邯郸。

　　值此《千古风雨赵王陵》付梓之时，向作者表示祝贺。

邯郸赵王陵　文化之瑰宝

千古风雨赵王陵

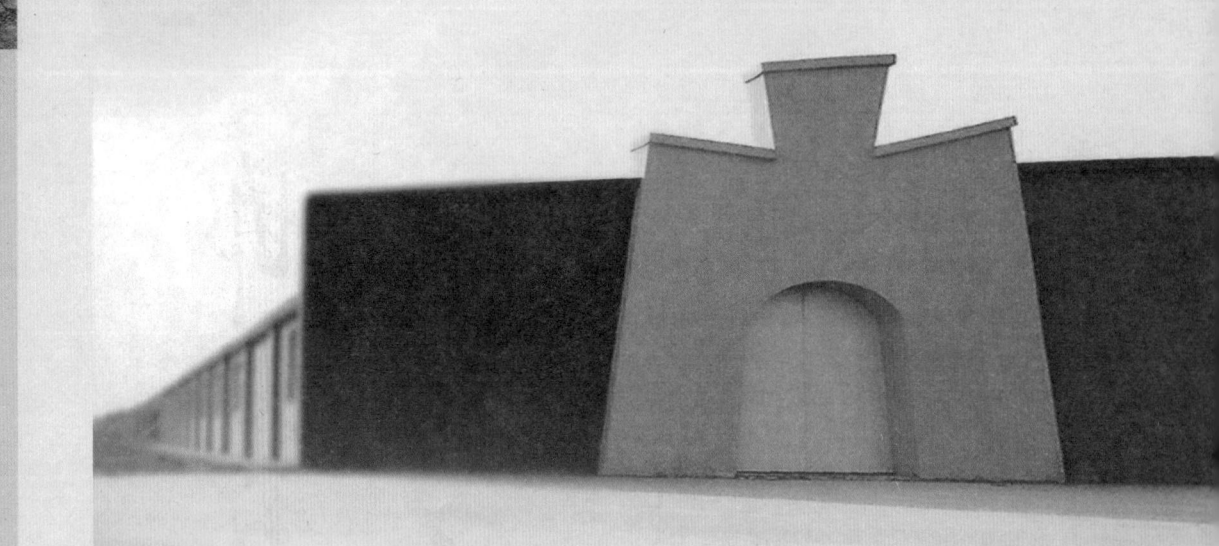

落日一登臺，山河四望開。

英雄悲往昔，冠蓋入蒿萊。

樹古風霜慘，秋深猿鶴哀。

有懷吾不盡，杯酒重徘徊。

谒赵王陵（明·张锡）

目　　录

序[一]

序[二]

赵国沧桑及八位君王 1

　　赵氏史略 3

　　八位君王 7

走近赵王陵 23

　　悠悠赵王陵 25

　　鸟瞰赵王陵 29

赵王陵被盗珍贵文物 39

　　栩栩如生的青铜马 42

　　美轮美奂的金饰牌 45

　　巧夺天工的青铜铺首 47

　　精美无比的玉片 48

赵王陵出土珍贵文物 49

　　2号陵5号陪葬车马坑 51

　　2号陵建筑遗迹 61

　　3号陵陪葬墓出土文物 63

赵王陵探秘 65
封土墓形制沿革 67
赵王陵墓主身份 72
赵王陵有无"天子驾六" 76
赵王陵有无石像生 78

赵王陵与秦始皇陵比较 81
陵区布局 83
墓葬结构 88
车马坑结构 90
赵王陵车马与秦始皇铜车马 91

赵王陵保护前景展望 95
古代赵王陵保护工作 97
建国以来赵王陵保护工作 99
赵王陵保护前景 105

附　录 111
赵王陵墓大盗案 113
黄帝以后第一伟人赵武灵王传 119

后　记 122

01
ZHAO WANG LING
赵国
沧桑及八位君王

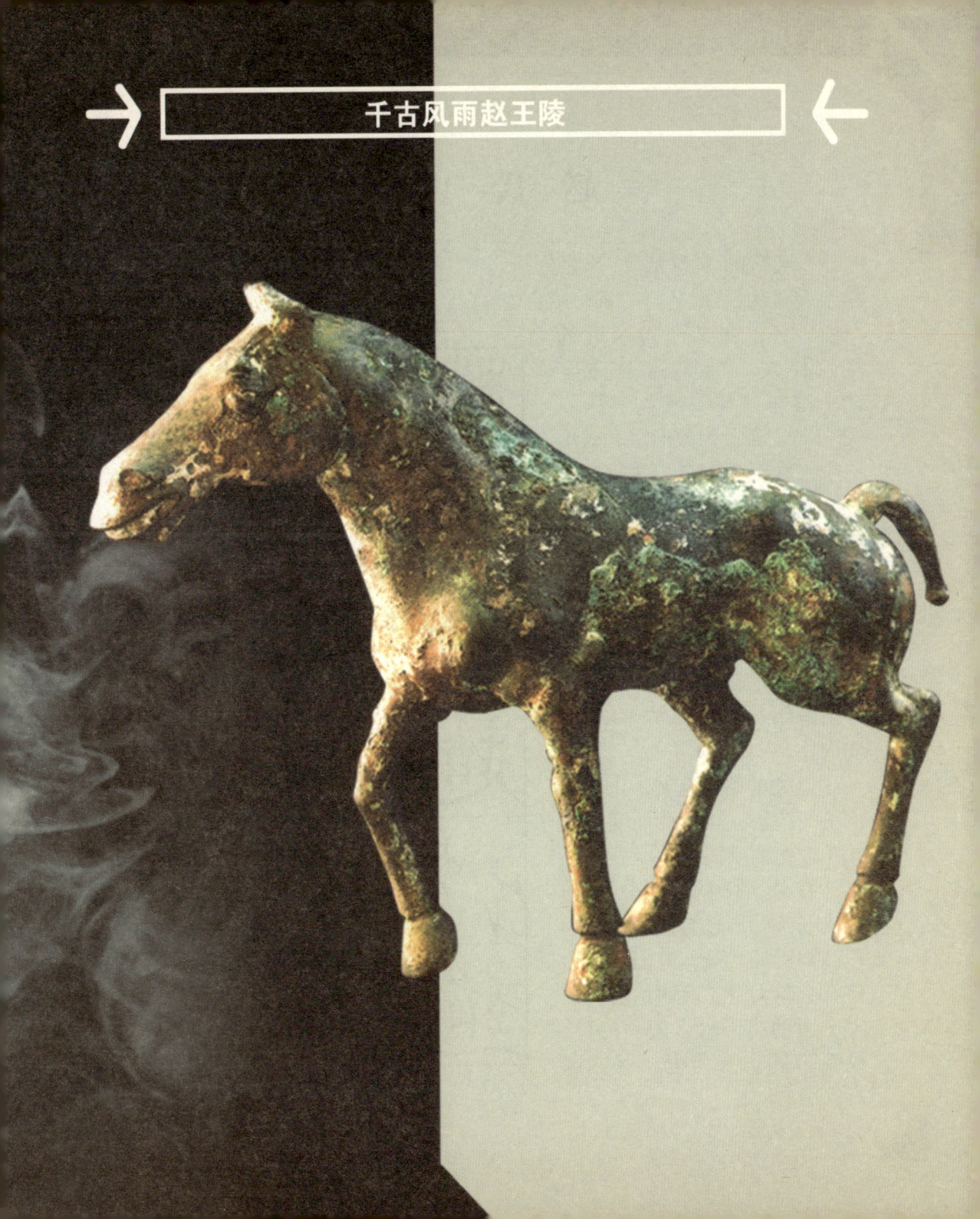

千古风雨赵王陵

赵氏史略

"赵"的本意从文字学分析，是亲近随从。"走"与"肖"结合为"赵"字，含义即为亲近的随从仆人。"赵"字在古金文中写作"䞽"或者"䞾"。"岑"与"查"为象形字，表示一个正在低头弯腰，并且屈着双膝而行的人，以示地位低下或肩负着重物；"肖"与"肖"的上部表示水，下部表示肉体，意即一个人被雨淋或汗流浃背。这样，"走"与"肖"字结合，不只是表示随从仆人，还专指是仆人，即主人的车御，而非内仆。

赵姓的始祖造父，正是周穆王的车御，也因此而受赐赵城（今山西洪洞）。

在虞舜时代（公元前4000余年），赵与秦都是帝颛顼高阳氏的后裔，高阳氏的后代有个叫大费（又叫伯益）的人，因助禹治水，调驯鸟兽，被舜帝赐玉女为妻，并赐嬴姓。大费有子二人，长子名大廉，大廉玄孙名仲衍，仲衍为商王大戊御。商末文丁、帝乙时，仲衍的一支，中潏之子蜚廉，有子二人。长子名恶来，为秦之始祖；次子季胜，为赵之始祖。季胜生孟增，孟增生衡父，衡父生造父。因此，《史记·赵世家》开篇即云，"赵氏之先与秦共祖"，叙述的就是这一时期的历史。

造父因祖父孟增的功德而成为周穆王的亲信随臣。造父与穆王岁数相近，并都爱收养天下名马，善长狩猎。于是穆王封造父为御马官，专管天子车舆。潼关东南山中有桃林，产天下名马。一日，造父游潼关得马六匹。当时，周天子车乘为八匹骏马，并需品种上乘，毛色纯正。造父心里自思，若献给周穆王，还少两匹，如果留为已用，其品种又都好于穆

金文	䞽
小篆	趙
隶书	趙
楷书	趙
草书	赵
行书	赵

赵国沧桑及八位君王

王的车乘之马，自感不妥。于是，造父向穆王奏明了原委，决定亲自入桃林寻找良马，以合并为八匹送给穆王。穆王见已得六匹良马，确实为天下之冠，于是催造父尽快寻得良马，以换新乘。据《史记·赵世家正义》云，桃林之地，广阔三百里，树木参天，遮天蔽日，捕获千里良驹，实为困难。造父在桃林之中，风餐露宿，入蛇蟠之川，闯虎穴之沟，终于获良马两匹，合原六匹为二乘（天子车为二乘，一乘马四匹），上献周穆王。周穆王万分喜悦，立即更换新舆，并赐造父捕捉的两匹马名为"骅骝"、"騄耳"。

天山天池

新疆的天山天池，传说周穆王与赵姓始祖造父曾在那里会见西王母，并乐而不知归国。《史记·赵世家索隐》记载穆王得见西王母，在瑶池之上"与西王母觞"，对饮仙酒"作歌"，于是"乐之忘归"。周穆王自入瑶池，被那里的美景所陶醉，早已忘却归朝之事，酿成了徐偃王之乱。造父每天都要精心喂养千里良马。良马有灵性，有一天，他见骏马性躁不安，料知必有事变，于是便解缰放出一匹骏马，那马便消失在远方。周王的卫队见周王多日不归，又逢朝中大乱，便分头去找，恰见千里驹归来，忙尾随千里驹迎接周王。周穆王率大军很快打败了徐偃王。这次能迅速取得平叛的胜利，得益于造父能及时驾舆回朝。为此周穆王奖励造父，遂赐"造父以赵城"，赵氏由此而得其姓，繁衍至今。

造父以下七代至叔带，都是西周臣民。叔带事周幽王，因幽王荒淫无道，叔带"去周如晋"，辅佐晋文侯。赵氏一姓逐渐显贵，成为晋国的公卿重臣。

春秋后期赵姓势力更加强大。

赵简子的儿子赵襄子（毋恤）很有作为，于公元前455年迁都晋阳（今山西太原西南），在与智伯的激烈战斗中，联合了魏、韩，共灭智伯。这时赵、魏、韩三大家族，控制了晋国大权，形成了三家分晋的局面。赵襄子在位33年，为赵以后的强大奠定了基础。襄子死后，传位于异母兄伯鲁之孙浣，浣即献子。公元前425年，献子迁都，由晋阳迁到中牟（今河南汤阴附近），献子在位15年，死后传位于赵烈侯（籍），在位9年。

公元前403年，周烈王承认韩、赵、魏三家为诸侯，晋国名存实亡。

赵烈侯

公元前376年，赵、韩、魏三家分晋，结束了晋国400余年的历史。赵烈侯之后，传位于弟武公，武公死后，烈侯之子章继位，章便是赵敬侯。赵敬侯元年（公元前386年），为了倚漳水之险，图中原之利，求国家之安宁，赵敬侯便把国都由中牟迁到邯郸。都城即今邯郸市西南的赵王城遗址。

赵王城遗址模型

到了赵武灵王时期，赵国经过胡服骑射改革，日益强大，并促进了赵国与周围中原各诸侯国的军事改革。从敬侯、成侯、肃侯、武灵王到惠文王5代共120年，赵国日趋强大，尤其是武灵王、惠文王在位的60年间，由于善于用人，才士辈出，号称四战强国。这一时期，山东诸国能与强秦抗衡的主要是赵国。赵、燕等五国联军曾长驱直入，攻下齐国70余

赵国沧桑及八位君王

赵武灵王征战图

城。赵国许多著名的历史事件都发生于这个时期，如胡服骑射、北灭中山、筑北赵长城、完璧归赵、渑池赴会等。

赵武灵王二十七年（公元前299年），在东宫大会群臣，举行传王位礼仪，立王子赵何为王，这就是赵惠文王。赵惠文王三十三年（公元前266年）去世，太子赵丹继承王位，他就是赵孝成王。赵孝成王六年（公元前260年），赵国和秦国进行了战国历史上最大的一次战争——长平之战。赵军惨败，赵卒40万人被坑杀。赵国元气大伤。后信陵君"窃符救赵"，也只是暂时延缓了赵国的衰亡。

公元前245年，赵孝成王卒。其子赵偃即位，是为赵悼襄王。赵悼襄王在位九年卒，太子赵迁即位，是为赵幽缪王。公元前228年秦攻下邯郸，杀赵姓族人甚众，生俘赵王迁（幽缪王）并流放于房陵（今湖北房县）。赵王迁思念故乡，又不能归，十分痛苦。《史记赵世家集解正义》均云：赵王迁在流放之地房陵"作为山水之讴，闻之者莫不流涕。"邯郸赵姓由此而衰。

秦军攻进邯郸城后，赵公子嘉（赵迁哥哥）率数百人至赵的代郡，继续抗秦，直到赵代王嘉六年（公元前222年）被秦所灭。

八位君王

公元前386年，赵国迁都邯郸，至公元前229年秦攻陷邯郸，共历时158年，有八位君王。他们励精图治，革新图强，写下了赵国作为战国七雄的辉煌，在历史长河中留下了灿烂的篇章。

谥号	名	在位时间	在位年限
赵敬侯	章	公元前386年至公元前375年	12年
赵成侯	种	公元前374年至公元前350年	25年
赵肃侯	语	公元前349年至公元前326年	24年
赵武灵王	雍	公元前325年至公元前299年	27年
赵惠文王	何	公元前298年至公元前266年	33年
赵孝成王	丹	公元前265年至公元前245年	21年
赵悼襄王	偃	公元前244年至公元前236年	9年
赵幽缪王	迁	公元前235年至公元前228年	8年

赵敬侯

赵敬侯，名章，赵烈侯太子，公元前386年—前375年在位。赵烈侯去世后，烈侯之弟武公趁太子赵章年幼，凭借自己的特殊身份和权势废掉太子，自立为国王。武公去世后，赵国大臣才遵照烈侯遗愿，立赵敬侯为国王。但是，武公之子公子朝对赵敬侯即位不满，发动了争夺国君之位的叛乱。公元前386年，赵敬侯平定了叛乱，并将公子朝驱逐到魏国。公子朝叛乱时，赵国的都城还在中牟，中牟地理位置离魏国很近，

赵敬侯

赵国沧桑及八位君王

他得到了魏国的支持，随时可能反扑。赵敬侯平定了叛乱后，迫切需要一个可靠的军事政治据点，于是赵敬侯毅然决定迁都邯郸，满足政治军事需要，稳定了赵国的局势，奠定了邯郸的历史地位。

赵国经过襄子、献侯、烈侯几代人多年经营，到赵敬侯时期已发展成为东方强国，赵敬侯依靠强大的国力，与魏国、齐国等展开了争夺中原的战争。

赵国占领了卫国的东野土地，包围了卫国的国都。卫国忙向魏国求援。赵国向中原地区的扩张直接威胁到了魏国的利益。魏王得到卫国的求援后，亲自率领军队联合齐、卫攻击赵国。赵国抵挡不住魏、齐、卫的联合进攻，公元前381年，赵向楚国求援，楚国踊跃参战，助赵攻魏，进逼魏国国都大梁（今河南开封西北），驻军林中（今河南新郑东），饮马黄河边。赵军乘机反攻，夺取了魏国黄河以北地区，并攻取焚毁了魏国棘蒲（今河北魏县东南）城邑。

中山国位于赵国的心腹地带，

赵王城龙台遗址

将赵国领土分割为南北几乎不相连接的两部分，只有通过鸱之塞（今河北唐县西南）狭长地带才能实现南北连通。在向中原扩张受阻后，赵敬侯晚年开始进攻中山国，虽几经征战，但没有取得决定性胜利。

赵敬侯时期，通过与齐、魏、中山等国的战争，赵国版图日趋扩大。这个时期赵国出现了稳定发展的局面，"兵不顿于敌国，地不亏于四邻，内无君臣百官之乱，外无诸侯邻国之患"。尤其是迁都邯郸后，使邯郸成为赵国的政治、经济、文化中心，结束了赵国都城屡迁的局面。

赵成侯

赵敬侯之子赵成侯，名种。公元前374年—前350年在位。

赵成侯时期基本沿袭了赵敬侯时期的战略思路，继续向中原地区扩张。即位之初，他就开始了与周边国家连绵不断的战争。在与卫国、齐国的战争中取得了一些胜利，并积极与周边的齐国、宋国、燕国等国家和好，他希望通过修好能使连年征战的赵国得到喘息的机会，以便集中兵力进攻卫国，实现自己向中原扩充疆土的夙愿。

赵魏之间的战争并没有因为两国之间修好而终止。

公元前354年，魏国包围了赵国国都邯郸，邯郸处于危急之中，史称"邯郸之难"。面对这种形势，赵国在拼力抵抗的同时，急忙派使者向楚国、齐国求援。楚国虽然痛快地答应赵国的求援，但只派出了少量的兵力，远远不能与魏国的军队抗衡。赵魏激战正酣时，齐国出兵进攻魏国。田齐威王命田忌为统帅，孙膑为军师，统帅大军参加赵魏战争。田忌原计划直接开赴邯郸，军师孙膑建议道"今梁（魏）赵相攻，轻兵锐卒必竭于外，老弱罢于内，君不若引兵疾走大梁，居其街路，冲其方虚，彼必释赵而自救，使我一举解赵之围，而收敝于魏也。"于是，田忌率领军队展开了对魏国国都大梁的猛烈进攻，魏军不得不回师救援，田忌乘机在桂陵（今河南长垣）设下埋伏，大败魏国军队，创造了著名的"围魏救赵"的战例。此后，魏国和赵国在漳河上订立盟约，长达数年的赵魏战争宣告结束。

正当赵国魏国等在争夺中原地盘的时候，西方的秦国开始强大起来，开始了向东方的扩张。赵成侯晚年时，已意识到本国所面临的严峻局势，发展战略开始逐步调整，领土扩张的重心开始转向北方边缘地区，但是，尚未来得及采取任何强国的政治措施他便溘然而逝了。

赵肃侯

赵成侯之子赵肃侯，名语。公元前349年—前326年在位。

赵肃侯有改变本国积贫积弱现状的雄心。即位当年（公元前349年），他便果断地夺取了名存实亡的晋静公所保留的最后一块土地端氏（今山西沁水），将其迁徙到地域狭小的屯留（今山西屯留南），晋国从此在历史消失了。

此后，赵肃侯又与强邻魏国结盟，借以缓和两国的紧张局面，争取时间，以图发展。然而赵国发生内讧，公子范又趁隙发动叛乱。赵肃侯无暇兼顾，只得放弃图外的打算，先行平叛，公子范兵败毙命，国内局势开始稳定下来。

赵国国内形势稳定后，赵肃侯重新开始谋求向中原地区发展。在经过长期战争后，赵肃侯认识到向中原发展只会引起诸侯们的激烈反对，并不能有效地扩张疆土，使赵国走向强盛。赵肃侯便下令在南部边疆修筑起长城，赵国在南部边疆由进攻转为防御，中原扩张的战略至此结束。

赵肃侯是一个励精图治的君主，但也有不惜虚耗民力的弱点。《吕氏春秋·义赏》载"邯郸以寿陵困于万民，而卫取茧氏"，弱小的卫国乘赵肃侯修建寿陵所造成的万民之苦，乘机侵占赵国的土地，由此可见修建寿陵给赵国造成的影响和寿陵的规模之大。公元前326年，肃侯去世，秦、楚、燕、齐、魏等国各派精兵万人参加了肃侯的葬礼，即《史记》云："二十四年，肃侯卒。秦、楚、燕、齐、魏出锐师各万人来会葬。"赵肃侯终于在规模宏大，气势非凡，隆重异常的葬礼中长眠地下了。

今天，虽然我们还不能确准哪座陵是赵肃侯修建的"寿陵"，但仍然可以从赵王陵的雄伟气势中读出当年的风采。

赵武灵王

赵肃侯之子赵武灵王，名雍。公元前325年—前299年在位。

赵武灵王即位之初，因为年纪尚小，不能亲政。于是拜阳文君赵豹为相国，另设博闻师三人和左右司过三人，辅导其学习为君之道，共同管理赵国政事。

赵武灵王即位初年，就显露出雄心勃勃，振兴赵国的理想。公元前323年，魏国为了联络赵国、韩国、燕国及中山国，对抗秦、齐、楚三国，由将军犀首发起，赵武灵王与魏惠王、韩宣王、燕易王、中山之君相互

胡服图

尊称为王。此次事件后，赵侯开始称王，赵武灵王也成为了赵国历史上的第一位赵王。

公元前318年，魏、赵、韩、燕、楚五国共推楚怀王为合纵长，联合出兵讨伐秦国，但联军却被秦国打败了。

在此次合纵中处于从属地位的赵武灵王深感羞辱，决定不再和其他国家互尊称王了，"无其实，敢处其名乎"，下令赵国人称自己为"君"，表现了赵武灵王做名副其实"王"的决心。

除了秦国的威胁外，中山国也是赵国心腹之患，它雄踞河北中部一带，几乎将赵国分为南北两部分，成为赵国安全的最大威胁。基

胡服骑射

赵国沧桑及八位君王

于这种严峻形势,赵武灵王开始了他"胡服骑射"的改革。为了改革,赵武灵王进行了精心的准备,考察赵国北部边境,积极推行广结邻国的邦交政策,密切了与诸国的关系,为改革创造了良好的环境。

公元前307年,为了图霸中原,赵武灵王力挫守旧言论,毅然决定实行"胡服骑射"。

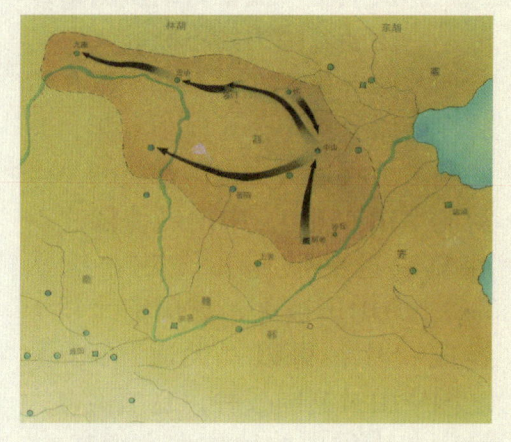

赵武灵王扩张形势图

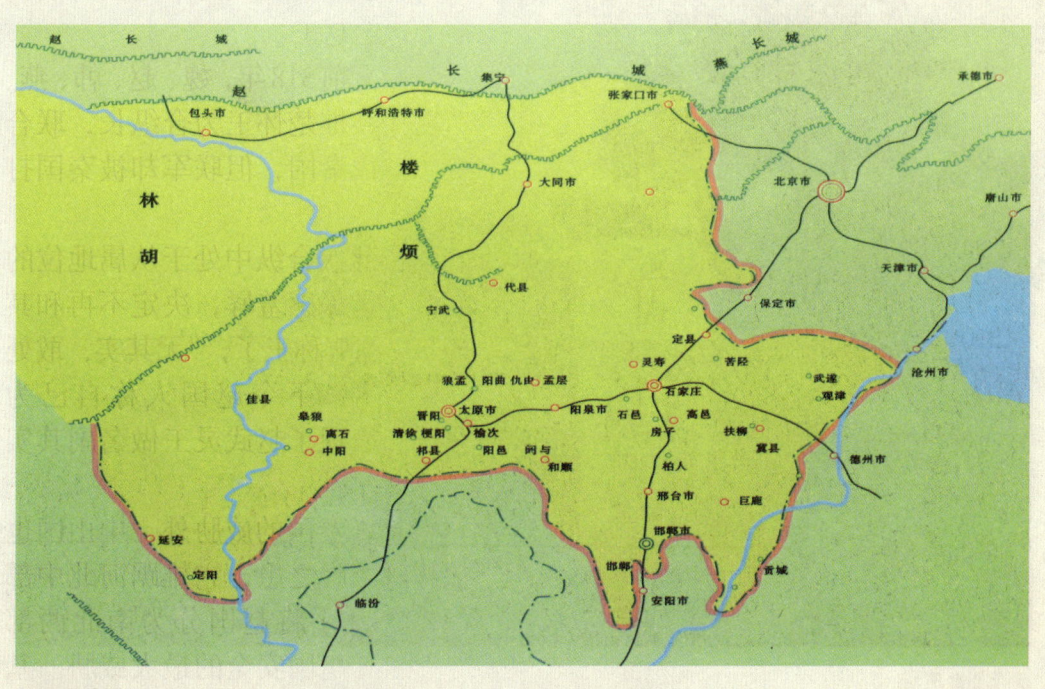

赵国疆域图

千古风雨赵王陵

赵武灵王一面推行胡服骑射改革，一面随着国力的不断壮大，与其他六国群雄逐鹿，争霸天下，驰骋在中原大地。公元前296年，赵武灵王出兵攻入中山国都灵寿（今河北平山东北），中山国傀儡之君胜被遣送到肤施（今陕西榆次南），中山国被灭，赵国南北领土连成一片，得以"大通"。千乘之国中山被赵国战胜，赵国国力大增，在诸侯中的地位大大提高。

但赵武灵王在王位继承人的问题上的优柔寡断，终于带来了灾难性的后果。为了专心于军事，公元前299年，赵武灵王以盛壮之年将王位传给了王子赵何。然而，赵武灵王传位给赵何的事件，却引发了重大悲剧。

赵武灵王立赵何为赵王时，赵何只是个十来岁的孩子。赵武灵王的长子赵章被废掉了太子身份，虽在灭掉中山国后被封于代地为安阳

沙丘平台遗址

赵国沧桑及八位君王

君,但他仍对赵何立为赵王心怀不满。他不断暗中发展自己的势力,密谋起事。公元前295年,赵武灵王诏见群臣,赵章也来参加朝见。赵武灵王命惠文王当朝处理政事,自己从旁观察群臣和宗室贵族行礼。赵章朝拜惠文王时,赵武灵王看到哥哥反而跪倒在年幼的弟弟脚下行朝拜之礼,怜悯之情油然而生,一个荒唐的念头出现了——把赵国一分为二,让赵章称代王。赵武灵王虽已退位,仍是实际的当权者。受他的这种打算影响所及,矛盾更加激化。诏见结束后,赵武灵王、赵惠文王、赵章游居沙丘宫,三人各住一处。

赵章认为时机已经成熟,决定先发制人。他们设下伏兵,假称主父诏见赵何,结果赵章的阴谋被识破,被公子成和李兑击败。赵章走投无路,只好投奔赵武灵王,被接纳入宫中。赵武灵王被围在沙丘宫中,无法控制纷乱的局势,被迫杀死了赵章。赵章死后,公子成、李兑并没有撤除对沙丘宫的包围,因为他们明白撤围沙丘宫对他们自己意味着什么。他们索性下令让宫中人全部撤出,并且发话说"后出者夷",于是宫中仆人全部出来了。赵武灵王既不能出来,又得不到吃的,只好靠掏食幼雀维持生命,"三月余而饿死沙丘宫"。叱咤风云的一代雄主竟被饿死沙丘宫。

赵武灵王赵雍

赵惠文王

赵惠文王名何，赵武灵王少子。公元前298年—前266年在位，是赵国鼎盛时期一位很有作为的赵王。

他亲政后，先后任乐毅、赵胜、蔺相如为相国，廉颇、赵奢、乐乘为将军，治理国家，实现了国富民强，凭借赵武灵王改革的余威和赵国强大的军事经济实力，以东方强国的姿态开展与列国的交往，参与列强的争雄战争，尤其是在与秦国的较量上更显出赵国的实力。

秦国东进扩张的过程中，慑于赵国的军事力量，不想立即进行大规模的战争，双方展开了外交上的周旋。公元前279年，秦昭王邀请赵惠文王在渑池（今河南渑池西）相会。此时秦国的实力稍强于赵国，赵惠文王怕受到秦国的讹诈不愿赴会，赵国上大夫蔺相如认为，如不赴会，显得赵国过于胆怯，劝惠文王如约成行。赵惠文王接受了这一建议。在会见的宴会上，上大夫蔺相如凭借自己的机智勇敢，巧妙地与秦人进行了周旋，秦国始终未能占据上风而使赵国屈服。赵国名将廉颇把赵惠文王送到国境上，并重兵把守，采取了周密的应变措施，解除了后顾之忧，使秦国始终未敢出兵。渑池会后，两国各自致力于攻占其他弱国的战争，彼此间十年没有发生大的冲突。

公元前270年，秦赵双方发生

渑池会上

赵国沧桑及八位君王

蔺相如

廉颇

了一次大规模的战争——阏与之战。赵国派公子部到秦国为质,提出用焦、黎(今河南浚县)、牛狐交换被秦国攻占的蔺、离石、祁。秦国如约交还了蔺、离石、祁等地,而赵国却拒绝将焦、黎(今河南浚县)、牛狐交给秦国。秦昭王大怒,派将军胡阳越过韩国的上党(今山西长治),进攻赵国的险要之地阏与(今山西和顺)。赵惠文王命赵奢率军迎敌。而赵奢率军刚离开邯郸30里,就下令坚壁留守,前后达28天,造成了赵军不敢前往阏与和秦国交战的假象。秦国派细作侦查,赵奢也佯装不知。

秦将胡阳得知这一消息非常高兴,认为阏与唾手可得,放松了对赵奢的注意。赵奢见迷惑秦军目的已经达到,命令队伍急行军,两天一夜就赶到了阏与前线,赵奢出奇制胜大破秦军,阏与之围也随之解除。为了表彰赵奢的战功,赵惠文王赐封赵奢为马服君。此后,秦军又发兵进攻几(今河北大名东南),廉颇率领赵军再次大败秦军。秦国在进攻东方六国的战争中,受到了赵国有力地抵抗,进攻六国的锋芒又一次受挫。

惠文王统治前期,是赵国历史

16

千古风雨赵王陵

上最为鼎盛的时期，各诸侯国争相与之通好。此后，赵国便开始由盛转衰，但在对外战争中仍能占据一定的主动，尤其是在其他各国想方设法躲避秦军的锋芒时，赵国仍能在一些大战中克秦制胜。

马服君赵奢墓

赵孝成王

赵孝成王名丹，赵惠文王之子，公元前265年—前245年在位。他在位期间，赵国国势日衰，在对秦战争中已处于劣势。

孝成王即位之初，赵国权柄由赵太后执掌，秦国趁赵国国丧，新君初立之机出兵攻赵。赵国兵力不足，赵太后以爱子长安君作为人质，从齐国借到援军，击退了秦国军队。《触龙说赵太后》叙述的就是这一时期的故事。公元前264年，赵太后去世，孝成王亲政。

公元前262年，秦军攻占了韩国的战略要地野王城（今河南沁阳），切断了上党郡（今山西长治）与韩国中心地带的联系，迫使韩国割让上党郡向秦国求和。上党郡守冯亭派使者来到赵国，请求把上党郡所属的17座城池献给赵王，并请求赵国与韩国联合出兵，保卫上党。而此时，赵孝成王只是咨询了平原君赵胜与平阳君赵豹的意见，对蔺相如、廉颇等人却不予理睬。赵国派兵接收了上党，并派廉颇统军驻扎长平（今山西高平西北）。

赵国沧桑及八位君王

为争夺上党，秦国进攻长平。开战之初，赵国失利。面对秦国的凶猛进攻，廉颇采用高筑垒壁的办法，任秦军多次挑战，赵军坚守不出。双方在长平相持了三年之久。面对廉颇的坚守不出，赵孝成王却多次派人责备廉颇守而不战，秦国也趁机使用反间计，在赵国国内散布流言，说廉颇快投降了，秦人只怕赵奢之子赵括。孝成王对廉颇坚守垒壁不与秦国交战本来就不满意，听到这些流言，不顾蔺相如和赵括之母的苦口良言，执意派纸上谈兵的赵括代替廉颇为将。秦国了解到赵孝成王中计，暗中改派名将白起为上将军，主持长平战事。

公元前260年，赵括刚到前线

白起

长平之战运粮道

就派兵大举进攻秦军。秦将白起令正面部队诈败后退，引诱赵军追击，另外分派两支奇兵断绝赵军后路，把赵军分成了首尾不能相顾的两段。这时，赵军的粮道也被截断，筑起壁垒坚守待援。秦昭王得到消息亲自率兵，截断了赵国的援军。赵括被困四十六天后见救兵无望，便分四队轮番进攻秦军的壁垒，企图突围。最后，赵括亲率锐卒搏战，被秦军用箭射死。赵军大败，四十万军队被秦军全部活埋。

历史告诉我们，长平之战是赵国由盛到衰的重要转折点。否则，战国历史乃至华夏历史必将重写！

研究赵国历史就不能不关注长

千古风雨赵王陵

平之战！研究赵国历史就不能不重视长平之战！

因为长平40万血性男儿不眠！

因为长平40万累累白骨遍野！

因为长平"赵万乘之强国不复在焉！"

痛哉！昔日纸上谈兵的赵括早已消失在茫茫的历史长河中，而今天仍有无数个坐而论道空谈误国的赵括们常使无数壮士豪杰慨叹扼腕泪沾襟……

公元前259年，秦国再次进攻赵国。赵国因为刚刚经过长平的惨败，又没有外援，战争打得非常艰苦。在赵国生死存亡的关键时刻，平原君赵胜"令夫人以下皆编于士卒之间，分功而作，家之所有尽散以飨士"，得敢死士卒三千人，奔赴秦军，"秦军为之却三十里"。赵国一面英勇抵抗，一面积极争取外援。平原君亲自到楚国求得援兵，魏国信陵君窃符救赵亲率八万精锐攻打秦军。秦军在魏、楚援军与赵国军队的夹击下，大败而归，历时两年的邯郸保卫战胜利结束。

赵孝成王时期是赵国历史的转折期，赵国在东西南北各处均有失地，赵国的疆域急剧缩小。

2001年冬到山西高平，在当地老乡引导下寻找长平之战古战场遗址

平原君赵胜

虎符

平原君墓

赵悼襄王

赵悼襄王名偃,公元前244年—前236年在位。他是一位昏庸的国王,不明用人之道,在位期间,内忧外患,接踵而至。

他继位之初,廉颇正率军攻取魏国的繁阳(今河南内黄西北)。悼襄王却对廉颇这个三代老将怀有戒心,派遣乐乘替代廉颇,夺取了大将廉颇的兵权。廉颇拒绝接受悼襄王的命令,进攻乐乘,乐乘逃走,廉颇也出奔魏国。后来赵国因多次受到秦国的攻伐,准备重新启用廉颇,廉颇也希望回国效力。赵悼襄王听信谗言,认为廉颇老了,未任用他。"廉颇老矣,尚能饭否?"常使英雄泪沾襟。廉颇后来被楚国接走,死在楚国,赵国失去了一位栋梁之才,国内群臣离心离德,抗秦实力大降。

廉颇出走后,李牧担当起维持赵国半壁江山的重任,战功卓著,但他却因反对倡后入宫,而遭到倡后的排挤和迫害。悼襄王受倡后迷惑,也不能全力支持信任李牧。赵国国势江河日下,已非人力所能挽回。悼襄王在不得志中死去。

千古风雨赵王陵

李牧

虎鹰搏击透雕戈

赵幽缪王

赵幽缪王名迁，公元前235年—前228年在位。

公元前234年，秦国大举进攻赵国，把攻取的赵国北部土地建成了雁门郡与云中郡。随后，又派兵攻打赵国的平阳（今河北磁县东南）、武城（今河北磁县西南），赵军迎战，丧师十万，主将被杀，赵国再次受到重创。公元前233年，秦军从上党穿越太行山，攻占了赵国的赤丽、宜安（今河北藁城西南），对邯郸形成了包围之势。万分危急的情况下，幽缪王任命李牧为大将，进行反攻，大破秦军于肥（今河北晋州西），李牧因功封为武安君。虽然李牧一再击败秦军，但赵国损失惨重。数战之后，邯郸孤城仅存。

公元前230年，赵国发生了严重的饥荒。秦国趁赵国发生饥荒，兵分三路，大举攻赵。大将李牧率军迎敌。幽缪王却听信谗言，逼迫李牧自杀。在关系到赵国生存的危急时刻，幽缪王杀贤将李牧，加速了赵国的灭亡。

赵国沧桑及八位君王

公元前228年，秦将王翦猛攻赵军，俘虏赵迁。

赵幽缪王赵迁的哥哥嘉率其宗族百人奔代，自立为王，定都代，赵国大夫纷纷奔代，燕赵合军，驻扎上谷。公元前222年，秦军攻取代，俘虏了赵王嘉，赵国所属领地变为秦国一个郡，赵国灭亡了。

之后，由于赵国被强秦所败，秦很快兼灭了东方诸国，统一了天下。

鸟尊

瓦当

方壶

02
ZHAO WANG LING
走近赵王陵

千古风雨赵王陵

悠悠赵王陵

古赵邯郸，西倚巍巍太行，东临华北平原，交通便利，形势险要，自古就是兵家必争之战略要地。

春秋后期，赵简子占据了邯郸，赵氏以邯郸为据点，扩展势力，公元前386年，赵国国都又由中牟迁入邯郸，继续开疆拓土，尤其是赵武灵王实行胡服骑射后，国势更盛，一跃而成为东方强国。邯郸成为了"战国七雄"名都之一。

几千年过去了，昔日征战南北，创下不朽功勋的赵王们早已作古，那些曾经为邯郸的兴盛驰骋疆场，浴血奋斗而立下汗马功劳的英雄们，现都身埋何处呢？

太行山绵绵千里，横亘于华北大平原西部。在邯郸市区西北部是峰峦起伏的太行山余脉，其中最著名的是位于武安、邯郸、永年三县交界地的紫山，最高处海拔494米，是邯郸西郊的屏障。紫山又叫马服山，远远望去山势耸拔，岗峦回复。走到近处，只见山体紫岩裸露，漫山白草随风飘拂，透出一股苍凉悲壮之气。登上山顶，回首远眺，淡淡薄雾中只看到太行逶迤，绵绵无际，浩渺如海。抚今追昔，眼前不觉浮现出赵国当年千军万马拼杀疆场的情景。俯瞰山下，只见五座耸立的封丘，远远望去好像一座座"金字塔"，耸峙岿然，它们巍峨雄伟，壮美如山。这就是赵

战国赵王陵墓群位置示意图

走近赵王陵

王们的忠骨之地——战国赵王陵。

赵王陵是赵国君王们的陵区，南北长7公里，东西宽4公里，占地约28平方公里，现位于邯郸县和永年县境内，陵区南距赵邯郸故城王城区13.5公里，东南方向距市区约10公里。赵王陵5座陵墓气势宏大，依山面水，各自独立。都夯筑有高大的陵台，陵台系以自然山丘为基，周围夯筑拦土坝，内填土石筑成，台上置有封土，东侧筑有神道。赵王陵的构建，不能不说是古代建筑的杰作。

中国人历来讲究风水，风水文化历史久远。古代从帝王到一般平民，在选择墓地时，无不受到风水影响。赵王陵的选址也会受到风水学说的影响。古代的风水学家认为，风水有好坏之分，选择好地方，则子孙荫福；而选择坏地方，则祸患无穷。"山环水抱必有大发者"。另一方面，古代陵墓之所以选在土厚水深之处，是由于古代帝王盛行厚葬，为防止陵墓被盗，陵墓要挖的很深，以给盗墓造成一定的困难。《吕氏春秋》所云："古之人有藏于广野深山而安者矣，非珠玉国宝之谓也，葬不可不藏也。葬浅则狐狸扣之，深则及于水泉。故凡葬必于高陵之上，以避狐狸之患、水泉之湿。此则善矣。"《大汉原陵秘葬经》云："立冢安坟，须藉来山去水，择地斩草，冢穴高深。"其意是挖坟埋人之地要背山靠水，坟要挖在高处，这样墓穴才能挖的深。实质上古代的风水除掉迷信的东西外，还有很多合理的成分，是对自然环境研究后得出的结论。因为在古代生产力水平低下的情况下，人们大多是依赖自然环境，只有充分利用自然环境，才能找到好的地理位置，也才能使死者入土为安。山和水对风水学尤为重要，仁者乐山，智者乐水，有山有水之地是古代人选择居址和陵墓时考虑的重要因素，也是风水学奥妙之所在。风水学对于自然山水的赞美，寄托着天地人合一的理想。宋人郭熙在《山水训》中指出："真山水之川谷，远望之以取其势，近看之以取其质"。今天，无论我们从空中俯瞰赵王陵还是登陵远望，赵王陵在选址时，都

千古风雨赵王陵

充分考虑了以上因素，而选在了山形水胜之处。赵王陵背靠紫山，左有洺河护驾，右有滏阳河拱卫，陵台以自然山丘为体，又有沟壑自然分隔，五座陵台既是一体，又各自独立。从神道缓步迈上陵台，蓦然发现，赵王陵后有紫山可以作为屏障，东望辽阔的华北大平原。据当地人讲，20世纪30年代，这里还是山头碧绿，林木繁茂，山间沟壑溪水潺潺，水草茂盛。赵王陵对地形环境的利用，与自然环境的协调，都达到了极高的水平。因此，赵王陵陵区布局的整体构想不能不说是一位胸有丘壑规划大师的杰作。

紫山又称马服山，是邯郸西北的屏障，因山上紫气萦绕，邯郸人至今仍有"紫气西来"之说，这与通行的"紫气东来"之说截然不同，究其渊源，盖由此来。因此，我们今天仍能在古丛台上见到"滏流东渐，紫气西来"的碑文。

赵王陵虽为历代赵王们的埋骨之地，却也是千千万万劳动者展现创造力的艺术舞台。赵王陵作为人类智慧的载体，千古留存，记录着古代邯郸劳动人民在科学技术和文化艺术上，曾经有过的惊人创举和取得的卓越成就，不失为一部珍贵的解读赵文化的巨著。

丛台西墙石刻

走近赵王陵

丛台

28

鸟瞰赵王陵

1号陵全景（自东向西）

走近赵王陵

1号陵位于陈三陵村正北，陵台南北长296米，东西宽190米，平面呈刀把状。台上南侧中部有封土墓1座，呈方形覆斗状，封土底面长48米，宽49米，高8.67米。陵台东侧有一条东西向斜坡神道。海拔约141米，与陵台神道东侧比，落差达20米。陵台东侧神道由西向东渐窄，宽45~80米，长249米。在陵台北坡和东坡北侧发现有大量建筑构件遗存。

1号陵近景

1号陵神道

30

千古风雨赵王陵

　　2号陵位于陈三陵村西北，陵台呈长方形，南北长234米，东西宽190米，海拔168米，与陵台东侧低地比落差达36米。陵台中部南北并排有两座封土墓，均呈方形覆斗状，南封土底面为方形，边长40米，高8.37米。北封土底面长40米，宽35米，高约11米。1997年北封土墓被盗。据现场勘察，墓室为凿于山岩内的竖穴岩坑石室墓，平面近似方形，穹窿顶，高17米，边长约10.5米。

　　2号陵是目前国内已知单个规模最大的战国王墓。2号陵北封土下的竖穴岩坑石室墓是目前已知最早的竖穴岩坑石室墓，比广州象岗西汉南越王赵眜墓向前推进了百余年。

2号陵封土

2号陵全景

走近赵王陵

千古风雨赵王陵

　　3号陵陵台南北长156米，东西宽74米，海拔174米，陵台正中有封土墓一座，封土底面近似长方形，南北长72米，东西宽38米，高5.70米。陵台东原有神道，现为耕地，已成平地。

3号陵陵台

走近赵王陵

3 号陵全景

3 号陵封土

3 号陵陪葬墓

千古风雨赵王陵

4号陵位于温窑村西北，陵台南北宽163米，东西长200米，海拔约155米，与神道东侧比落差约24米。陵台上有封土墓两座，均呈方形覆斗状，北封土底面长38米，宽32米，高11.53米。南封土底面长39.5米，宽32米，高11.6米。陵台东神道长290米，宽56~75米。陵台北坡上遗存有大量建筑构件。1997年，4号陵被盗，10名盗墓分子被抓获。盗洞深32米，直径0.6米。

4号陵封土

4号陵神道

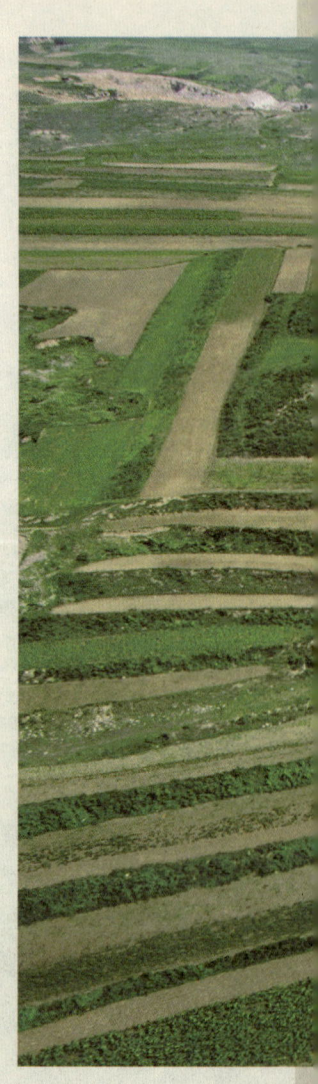

4号陵全景

走近赵王陵

千古风雨赵王陵

5号陵全景

走近赵王陵

　　5号陵位于温窑村北，陵台南北长342米，东西宽215米，海拔约151米，与神道东侧比，落差达20米。陵台中部有封土墓一座，封土底面近似方形，似叠压在一起的三个四棱台体，封土底面东西52米，南北53米，顶面南北27米，东西20米，高5.38米，陵台神道长157米，宽49-80米。5号陵是5座陵墓中规模最大的。

5号陵封土

03

ZHAO WANG LING
赵王陵

被盗珍贵文物

千古风雨赵王陵

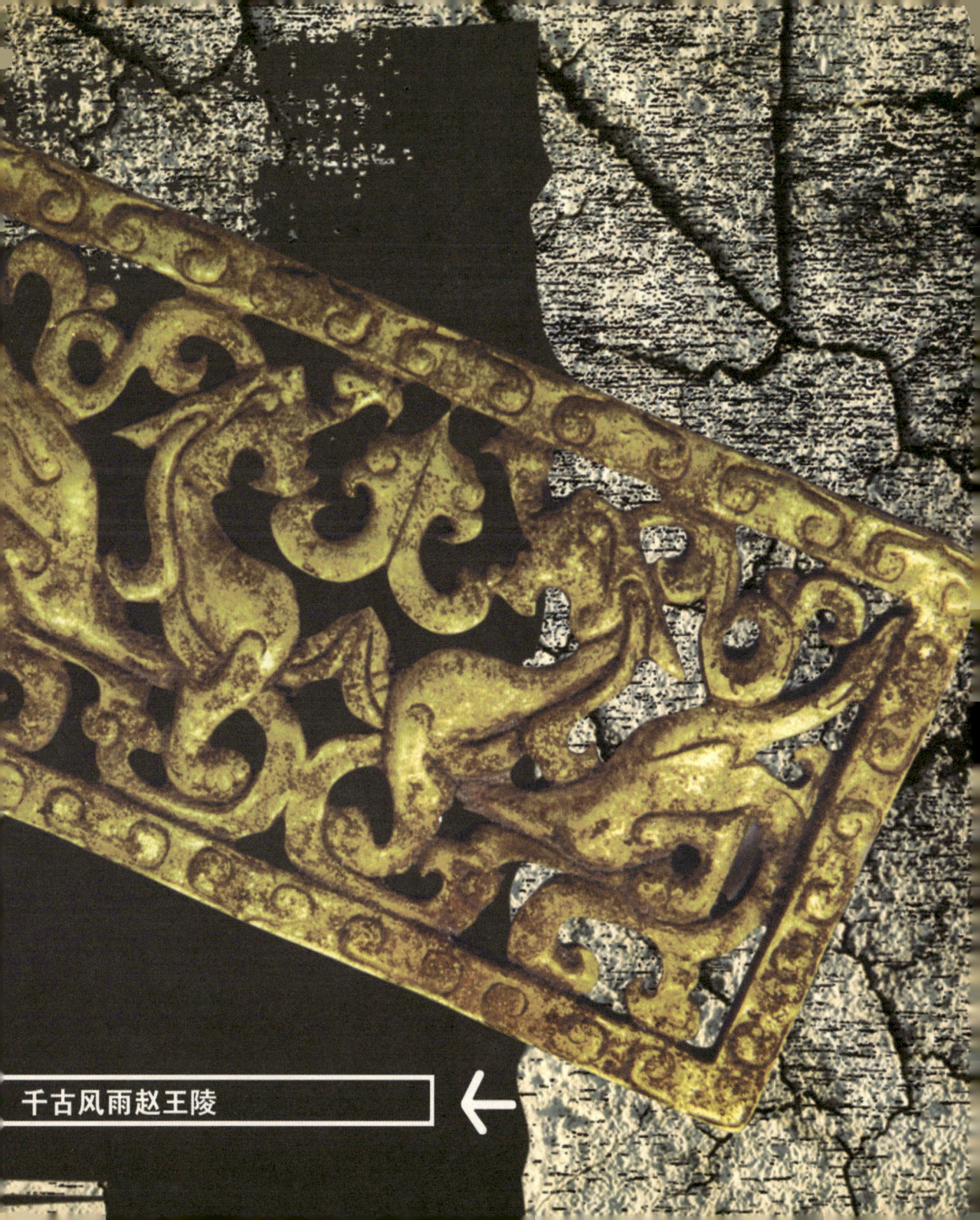

千古风雨赵王陵

随着战国时期诸侯国的先后湮灭和秦始皇统一中国，作为东方大国的赵国，也被深深地埋入了历史的尘埃之中，至今保存下来的赵文化遗物更是凤毛麟角。要揭开赵国的历史之谜，最大的希望寄托在考古上。几十年来的考古工作虽不断有重要发现，但很难有重大的突破。赵王陵具有重大的历史价值、艺术价值和科学价值，许多历史之谜深藏其中。而同时，赵王陵墓也成为一些利欲熏心的盗墓贼紧盯的目标。1997年赵王陵遭到了严重的盗掘，出土文物数量之多，质地之精，国内外影响极大。

邯郸赵王陵墓被盗案侦破后，流失海外的200余件珍贵文物重归赵都邯郸，这为研究战国时期的邯郸历史和地方文化提供了重要的历史信息和实物见证。经国家文物鉴定委员会鉴定，三匹青铜马都是国家一级文物，青铜铺首为国家二至三级文物。经河北省文物鉴定委员会鉴定，金饰牌、钻孔玉片为国家一级文物，圭形玉片、圆形玉片为国家三级文物。

这些珍贵文物的面世，弥补了历代文献对赵王陵记载的不足，为研究战国时期赵国的政治制度与墓葬规制提供了重要的实物资料，也为我们重新认识赵文化打开了新的视野。

专家鉴定现场照片

栩栩如生的青铜马

赵王陵2号陵被盗的三匹青铜马，一匹是举首行走马，高18厘米，长24.5厘米，腹围17厘米，重约1470克；一匹是低首伫立马，高15厘米，长23.5厘米，腹围18.2厘米，重约1605克；另一匹是低首觅食马，高15厘米，长22.5厘米，腹围18.3厘米，重约1375克。

举首行走马

低首觅食马　　低首伫立马

千古风雨赵王陵

　　三匹马的尾巴均打结，而且肌腱隆突，四腿发达，背部丰满，臀部强健，马颈有力，雄性生殖器造型明显，阴茎平直硕大，长约4厘米，阴囊明显，睾丸突出，均为成年战马的造型。从雕塑艺术的角度审视，铸造这些马时采用了多视角立体构图的圆雕手法，以一条和谐明快的曲线勾勒出马头、背、臀、尾的整体轮廓，马头的颔骨突出，颔角分明清晰，眼神凝重深邃，鬃毛与马尾线条流畅，连马掌部位都刻划的惟妙惟肖，将运动的马与静止的马表现得淋漓尽致。从不同的角度去审视，动马与静马生灵活现，栩栩如生。这三匹青铜马造型完美，刻画细腻，风格写实，反映了赵国铸造工艺的精湛和赵文化高超的艺术成就。赵王陵2号陵内，泥土淤积，被盗的面积不及墓室面积的十分之一，墓中的陪葬品，应不仅仅有这三匹马。而这三匹具有写实风格马的出土是我国同时期考古的首次发现。

　　赵王陵出土的三匹青铜马，与目前已知的陕西省郿县西周驹尊、秦始皇陵陶塑鞍马、铜车马、霍去病墓石雕卧马、甘肃武威汉墓出土青铜奔马、贵州汉墓出土铜马相比较，它的艺术风格表现出了更加鲜明的写实性，代表了战国时期马的造型艺术的极高成就。

　　马是古代战争中重要的乘坐工具。雄性马称为"儿马"，雌性马称为"骒马"，割掉睾丸或卵巢的阉割马称为"骗马"。长期以来，史学界存在着战国时期的战马是儿马、骒马还是骗马的争论。有学者认为战国时期的战马均为骗马，其根据有三：一是甲骨文中已有反映阉猪、骗马的象形字；二是《夏小正》和《周礼》中都有骗马的记载，叫"攻驹"或"攻特"；三是骒马一般每21天发情一次，时间持续7天左右，儿马成熟后，一般脾气较大，性情暴烈，一旦见到发情的骒马（雌马）后，则难以操控，不易骑乘，而骗马的性情稳定、温顺，胆子大，更适合作为战马。战国时期，的确已存在骗马技术，但战马是否为骗马，仍存质疑。一是战国时期骗马技艺是否已经十分成熟

赵王陵被盗珍贵文物

并相当普遍；二是从动物考古学的角度看，出土的相当数量的殉马能否确认它们是骟马；三是为什么赵王陵会出土雄性生殖器造型硕大的青铜马。赵王陵出土的青铜马虽然还不能解决这一疑问，但至少能证明了战国时期存在着雄性马做战马的现象。

贵州汉墓出土铜马　　秦始皇陵出土铜马头部　　甘肃武威汉墓出土青铜奔马

秦始皇陵陶塑鞍马　　陕西省郡县西周驹尊　　霍去病墓石雕卧马

44

美轮美奂的金饰牌

金饰牌及刻文摹本

透雕夔龙纹金饰牌呈长方形，长7.2厘米，宽4厘米，厚0.3厘米，重约80克。通体金黄色，采用金铜合金铸造而成，经测定含金量为40%，同时期的中原地区鲜见出土。金饰牌四周有边框，边框上饰涡纹。牌面透雕两夔龙纹，两夔龙以牌面中心纵轴对称分布，头向内侧，作欲腾空而起状，形态逼真，活灵活现。背面两侧分置桥形穿鼻，长1.6厘米，宽0.4厘米，两穿鼻相距4.6厘米，便于与织物或革带缝缀联结。牌饰花纹生动活泼，整体制作精美，上侧边框有刻文一行，笔画浮浅，字体细小。刻文因笔画浅细，无法拓印，有人认为似应推断为"三十一年"。

从形式上看，这件金饰牌属鄂尔多斯式。鄂尔多斯式饰牌主要指发现在我国长城一带饰牌，由于最早发现于内蒙古鄂尔多斯草原以及河套附近，因而称之为鄂尔多斯式饰牌。鄂尔多斯式饰牌形式多样，而透雕长方形饰牌只是其中的一种。采用透雕手法的饰牌从战国晚期开始出现，秦汉时期盛行，是我国北方特有的产品，这一点在考古学上已得到了证实。目前发现的战国时期这一形式的饰牌主要出自旧绥远、内蒙古等，秦汉时期资料则相对丰富。从出土资料看，自商周到西汉时期，在西起新疆东到渤海之滨的整个长城地带（包括内蒙、陕西、宁夏、晋北、冀北、辽宁的部分地区）均有出土，但大部分属春秋战国至西汉时期。根据不完全统计，这一时期的饰牌广布于从西部新疆到东北呼仑贝尔大草原的广大地域，而这一地区在先秦时期是北方游牧民族频繁活动之地。

赵王陵被盗珍贵文物

战国虎斗咬牛纹金饰牌

战国虎狼搏斗纹金饰牌

西汉动物纹金饰牌

战国四驴纹铜饰牌

汉飞马纹鎏金铜带饰牌

  这件金饰牌的主体纹饰为夔龙纹。龙的起源同中华民族历史文化的形成和文明时代的肇始有着密切的联系，它始终同中华民族的发展共存，是中华文化的一个重要组成部分。中原地区华夏祖先最早以龙作为崇拜物，并把自己作为龙的传人。在商周以来中原地区青铜器中，龙纹的各种族徽和各种变体龙纹装饰图案更是屡见不鲜。

  由此看来，这件金饰牌形式是草原民族的，内容是汉民族的，是中原文化与草原文化的融合产物，是研究汉民族和北方民族之间文化交流的珍贵资料。中原国家和北方游牧民族之间的不断冲突与兼容，相互促进与融合，赵国首当其冲。赵武灵王胡服骑射把这种交流推向了高峰。饰牌是胡服的重要饰品，现在不能确定它的古名。但是因为用于胡服，从胡名，所以可能与犀比、鲜卑、饰比等称谓有关。据《战国策·赵策》，赵武灵王"赐周绍胡服衣冠，贝带，黄金饰比"。

46

千古风雨赵王陵

巧夺天工的青铜铺首

青铜铺首，长16.9厘米，高8厘米，重约1135克。正面呈兽面状，以兽面鼻梁中线为对称轴左右对称。上端两侧为内外卷曲变形角饰。中部双目突出，眉弓突起，眉为两细线勾勒而成，变形双耳与双目平行，置于两侧。吻部前突，下有残断痕迹。根据5号车马坑出土的小青铜铺首，我们不难看出此铺首吻部应有一个铜环。整个兽面采用立体浮雕手法铸造而成，面目狰狞，栩栩如生，具有独特的地域特征和时代风格。背面有三长方体榫状结构，三榫呈倒"品"字状分布在铺首背面，上部两榫长7厘米，截面长2厘米，宽1.5厘米，两榫相距3.7厘米；下榫较短，长2.5厘米，截面长3厘米，宽1.5厘米，上边距两长榫1.8厘米，这种结构非常便于与器物连接。我们推测它可能是棺椁上的把手，兼具实用和装饰的功用。

青铜铺首

赵王陵被盗珍贵文物

精美无比的玉片

赵王陵2号陵北封土墓被盗出土钻孔玉片共计179枚，其中141枚较为完整，38枚残片残碎严重。这批钻孔玉片玉色青灰，质地优良，均经精细加工抛光，部分玉片背面有平行锯痕，部分钻孔处留有月牙形钻痕。钻孔玉片有长方形、近方形、扇形等形状。边长均在约5厘米，厚约0.5厘米，玉片大小不一，厚薄不均。边角处钻有细小的圆孔，有抹棱、抹角特征。边棱及叠压处各角均打磨光滑，正面精细磨光，具有一定光泽。

钻孔玉片

赵王陵2号陵北封土墓被盗出土圭形玉片共计72枚，其中46枚较为完整，26枚残碎严重。这批圭形玉片玉色青灰，质地较为优良，均经细磨光，偶见平行锯痕。形制单一，呈圭形。长度约为7.5厘米，宽度约2.5厘米，厚度约0.5厘米不等。

圭形玉片

赵王陵2号陵北封土墓被盗出土圆形玉片共计7枚。圆形玉片玉色

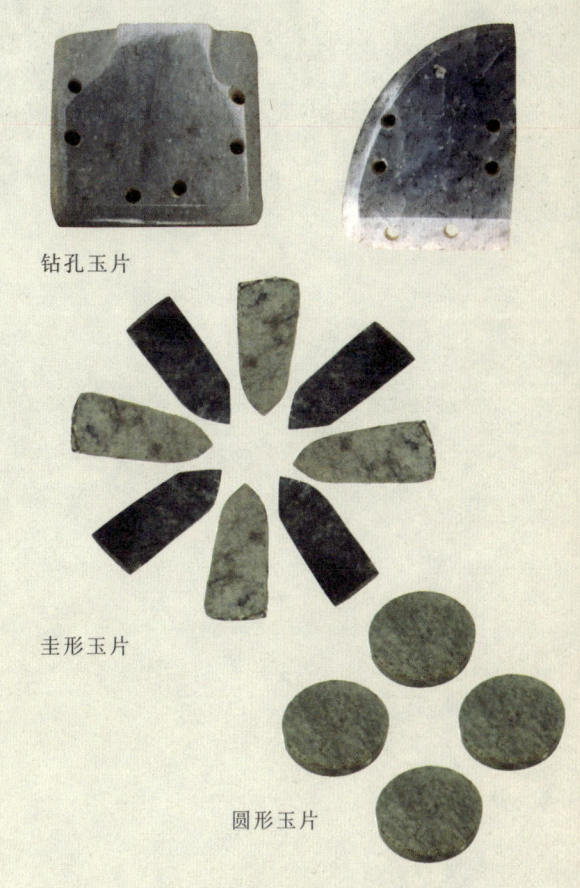

圆形玉片

青灰，玉质较为优良，经精细磨光。形如棋子，直径约3.5厘米，厚度约0.7厘米不等，除1枚中心处钻有直径为0.5厘米钻孔外，其他圆形玉片两面均有钻痕。

48

04
ZHAO WANG LING
赵王陵
出土珍贵文物

千古风雨赵王陵

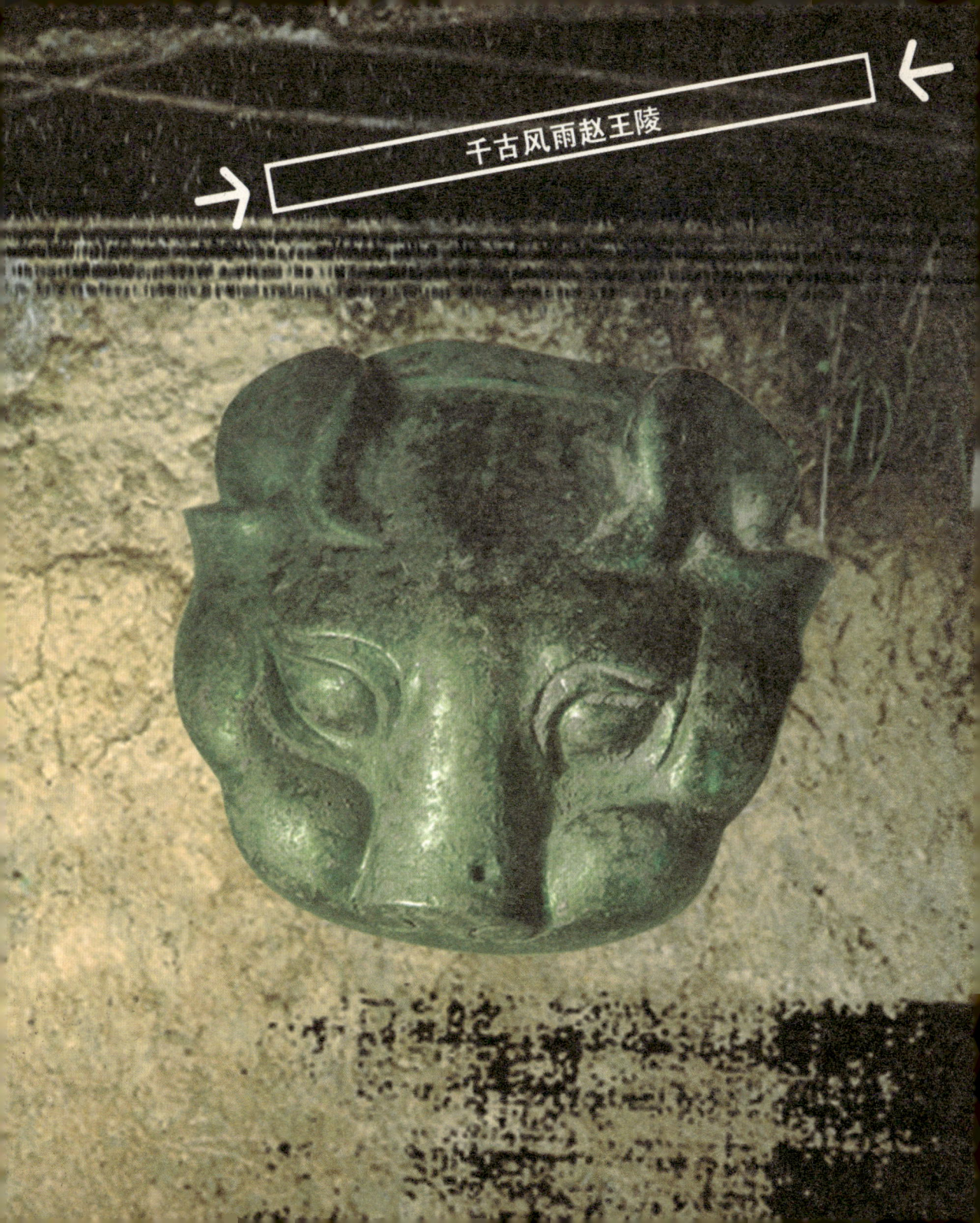

2号陵5号陪葬车马坑

马从野生到被人驯养经历了漫长的历史岁月。考古材料所证实的历史可以追溯到公元前4000多年的新石器时代。在俄罗斯基辅铜器时代的遗址中，曾经发掘出用鹿角制成的马嚼子，同时发现马牙上还留有被这种马嚼子磨伤的痕迹。

在我国的铜石并用时代，华夏祖先可能也开始驯养马了，黄河中游一带的龙山文化遗址出土过很多马骨，但是，这些马是捕获的还是驯养的现在仍无明确的证据。到了青铜时代，青海省刚察县泉吉乡黑山舍布齐沟的"骑射牦牛图"岩画，很明确地描绘出我们的祖先这时候已开始骑马狩猎了。

车的发明比起驯养马又晚了1000多年，世界上最早的车的形象是在中东地区的苏美尔王朝乌尔王陵中的一件艺术品上发现的，距今已4600余年。这是一辆用4匹马拉的4轮运兵战车，从车轮的构造上可以看出它是最原始的马车。因此西方学术界一直持有中国马车是从西方经欧亚草原引入的观点。

华夏大地幅员广袤，畜力车是古代先民陆上最重要的交通工具。殷代的车子，考古屡经发现，而且结构基本定型，距它最初发明的时间应该有相当长的时期了。据《左传》、《世本》等文献的记载，我国夏代就发明了车，但是至今仍未发现夏代车的遗存。河南安阳殷墟考古发掘的殷代车马坑是华夏考古发现畜力车最早的实物，这表明至少在公元前1400余年的商代中期，人们已经开始大量造车。由此证明，我国是世界上最早发明和使用车的文明古国之一。

骑射牦牛图

赵王陵出土珍贵文物

车马是我国古代最主要的交通工具。曾在社会生活中占据过重要的地位。无论是劳动生产还是战争等活动，它们都是最主要的交通工具，其数量的多寡与质量的优劣，常成为衡量某一时期国势强盛与衰弱的重要标准。

车马坑，顾名思义，是指专门用于埋马和车的陪葬坑。从墓葬文化的角度来看，一般又称之为车马葬。从车马埋葬的位置关系看，车马坑可分为车马异位葬的车坑、马坑和同位葬的车马坑。异位葬的车葬坑、马葬坑，大多具有祭祀的意义，仅个别具有殉葬意义。同位葬的车马坑，一般则只具殉葬的意义。河北省邯郸市赵王陵2号陵5号车马坑属于同位葬车马坑，具有陪葬意义，在很大程度上更能代表战国时期赵国的车马文化，为研究赵国车马葬制、古车发展史、用车制度提供了弥足珍贵的资料，对于了解赵国政治、军事、科学、文化的进步与发展提供了重要实物资料。

由考古勘探得知，赵王陵2号陵台东部有5个陪葬坑，其中5号陪葬坑是车马坑，位于2号陵台上南封土墓主（东）墓道南侧约8米处。

5号陪葬车马坑平面呈东西向长方形，东西长约21米，南北坑口宽约6.4米。坑底宽约3.2米，坑口至底深2.9—3.5米，坑东端附一斜坡道，水平长度约7.2米。在距坑口约0.7米深处南北坑壁下均夯筑二层台，宽均1.5米左右，高2.2—2.8米。南北两侧二层台各有壁柱洞10个，壁柱之上沿二层台口沿东西向放置方木横梁，方木横梁之上南北向搭盖棚木。坑道与斜坡道用竖立方木隔开。

殷商安阳车马坑

千古风雨赵王陵

从现存遗迹上，我们可以推测出入葬时的情况。首先开挖一条大于长约21米，宽约6.4米，深2.9—3.5米的坑道。开挖好坑道后，在南北坑壁下夯筑二层台，台面距坑口约0.7米，宽约1.5米左右，高2.2—2.8米，在夯筑二层台时靠近坑内侧均匀预留10根壁柱，备支撑横梁用。车马入葬之后，在壁柱顶端纵向搭方木横梁，并用竖立方木封闭坑道东口，之后在方木横梁上搭盖南北向棚木。最后在棚木上铺盖苇席，再填压积石，填埋黄土。

车马坑坑道与斜坡道间隔墙

赵王陵使用的这种葬法，在战国及以前的陪葬车马坑中还没有发现。这样做，可以使陪葬的车马在相

5号车马陪葬坑（从东向西）

赵王陵出土珍贵文物

当长的时间里,保持入葬时的姿态。从现有的资料看,这是我国目前发现最早的坑道式结构车马坑,它比秦始皇陵陪葬一号大坑早了100多年。

由于经过漫长的岁月,车马坑顶部棚木首先开始腐朽,在坑顶土石的重压之下塌陷,两侧坑壁也出现坍塌,车马均遭受了不同程度的破坏,但历经2000多年的风雨之后,至今仍能看出它的基本形态。车辀、车衡、车轭及部分车轮的轮廓比较清晰。殉马按照一定的葬式排列而成,马分三组,排列整齐,昂首直立,呈临战姿态,好像只要听到号令还会四蹄腾跃。

西周前后,我国的乘舆制度规定"玉、金、革、象、木"五种不同装饰物的车子,分别供天子、同姓诸侯、异姓诸侯、边地诸侯、藩国诸侯等不同身份的人使用。这些装饰物主要在衡、辕、轴、扶手末端等醒目的地方。

5号车马坑,坑底有殉葬彩绘的木车4辆,马14匹。

车与车前后纵列,马分置车辀

千古风雨赵王陵

两侧做驾乘状态,车马方向同陵区的坐落方向一致,车辀东向,马首东向。大部分髹漆及彩绘已随车身的损坏已有剥落。但是,刚出土时漆片非常明丽,鲜艳夺目。马的骨骼清晰可见,马骨保存相对较好,马饰件大都未脱离原位。坑内出土络头饰件、车軎、盖弓帽等车马器数百件,保存完好。

车马坑发掘现场测绘

建棚保护后的车马坑

车马坑出土时髹漆及彩绘

车木俑组合

独辀车，形制较小，没有殉马与之组合。

何谓独辀车？辀和辕是同义词，其区别是单根称辀，双根叫辕。顾名思义，独辀车就是有一根车辕的车，是与有两根车辕的双辕车相对而言的概念。

这辆车在车辀前方发现有两个桩式遗迹，现场考古发掘人员分析认为是随葬木俑。这组车从形制上看应该是专门用来陪葬的大型偶车。在顶部棚木塌陷后，伞盖向南倒压在车身上面。

兽首正面

兽首背面

伞盖

车軎

车、木俑组合

"天子驾六"葬式

独辀车，形制较大，六匹殉马与之组合，六匹马分东西前后两排排列。前排二匹，后排四匹，分置车辀两侧做驾乘状态，六匹马自左向右，自前向后依次编号为1-6号马。这组车从形制上看是实用战车。古代文献上有"天子驾六马，诸侯驾四、大夫三、士二、庶人一"的记载。有一种观点认为车马坑中六匹马驾驭的车就是"天子之乘"。虽然赵王陵主陵目前未被科学发掘，还不能明确该墓主人的地位和身份，但从这一陪葬遗存看，墓主人地位应不会低于"诸侯"这一级别的。

由于顶部棚木塌陷后，伞盖向南自然倒压在了车身上面。

"天子驾六"葬式

马络饰布局

赵王陵出土伞杠

秦始皇陵出土伞杠

赵王陵出土珍贵文物

兽头形饰件

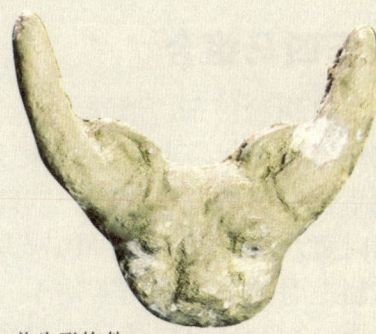

兽头形饰件

兽形节约（正、背）

车饰件

兽形铜钩

安车四马组合

这组独辀车，形制较大，四匹殉马与之组合，四匹马并排排列，分置车辀两侧做驾乘状态，四匹马自北向南，依次编号为7-10号马。从形制上看此车应该是实用车，从大小看，它又足可以满足人起居躺卧的需求，这与秦始皇陵出土的二号铜车马极为相似。因此有一种观点认为这辆车极有可能是赵王出巡时乘坐的"安车"。什么是安车呢？安车又名篷车，因其设有窗牖，闭之则温，开之则凉，又名辒辌车，是古代一种既可坐乘，又可躺卧休息的高级马车，专供国君出巡游玩时使用。先秦时期，车分为立乘与坐乘两种类型，安车属坐乘之车。

由于顶部棚木塌陷，伞盖向南倒压在车身上面。

安车四马组合

赵王陵出土珍贵文物

高车四马组合

第四组也是一辆独辀车。形制较大，四匹殉马与之组合，四匹马并排排列，分置车辀两侧做驾乘状态，四匹马自北向南，依次编号为11-14号马。从形制上看此车应该是实用车，它与秦始皇陵出土的一号铜车马极为相似，因此有学者认为这辆车极有可能是赵王出巡时所乘的"高车"。

高车，又叫戎车、立车，属立乘之车，乘车时立于车上。它与安车的最大区别在车舆形制不同。高车车舆浅小，呈横长方形，置于车轴之上，四周围以栏杆，后留缺口而无车门，上不封顶，只立车盖。

由于顶部棚木塌陷，伞盖自然倒压在了车身上面。

高车四马组合

2号陵建筑遗迹

陵寝，作为古代社会家天下的产物，一向被认为是国中大事。到春秋战国时期，陵墓规模愈来愈大，设施越来越齐全，"事死如事生"在帝王陵园中体现得尤为突出，由墓上享堂变为了墓侧的寝便殿。

赵王陵就发现了寝便殿建筑。寝便殿开始于秦始皇陵的观点似乎值得商榷。赵王陵比秦始皇陵早百余年。因此寝便殿到底始于何年，有进一步探讨的必要。

享堂和寝便殿的用途是相同的，都是用于祭祀活动。之所以从陵墓之上移至陵墓之侧，与后来的陵墓封土愈来愈大有关。因为封土过于高大，在封土上建寝殿，受到封土顶部面积的限制，故将寝殿、便殿建在墓侧。

享堂是古人为了祭祀祖先陵墓而建筑的，对陵墓的祭祀至迟在商代已经出现，在甲骨文中有很多关于墓祭的资料。安阳殷墟王陵已有享堂，位置坐落在墓室之上，面积同墓室大小相等。妇好墓及河南辉县固围村魏国大墓上均建有享堂。在陕西雍城秦公陵区的21座中字形墓室之上，大多有绳纹瓦片遗存，有的墓室上还发现有成排的柱洞和建筑倒塌后凹字形板瓦相互衔接叠压的现象及散水等建筑遗迹。战国中山王陵封土堆上就有建筑物即享堂的遗迹。墓中出土的"兆域图"标明这些享堂称为"王堂"、"王后堂"、"哀后堂"、"夫人堂"等。

关于寝殿，汉代蔡邕《独断》云："古不墓祭，至秦始皇陵出寝，起之于墓侧，汉因而弗改，故今陵上称寝殿，有起居衣冠象生之备，皆古寝之意也。"《后汉书·祭祀志》云："秦始出寝，起于墓侧，汉因而弗改，故陵上称寝殿，起居衣服象生人之具，古寝之意也。"《历代山陵考》也云："三代以前无墓祭，至秦始皇起寝于墓侧"。

寝殿的出现代替了先秦时期的享堂墓，即把祭祀地点由陵上移至陵侧，形成了陵侧起寝、陵旁建庙的制度。这种制度延续了两千余年。那么，作为战国七雄之一的赵国，是不是也是这样的埋葬制度呢？

赵王陵出土珍贵文物

赵王陵寝殿建筑基址

经过详细认真地调查、勘探，考古工作人员在赵王陵发现了几处建筑基址。赵王陵1号陵陵台北坡和东坡北侧和4号陵北坡遗存有大量的建筑构件。3号陵陵台下北部、东北部发现有大量板瓦、筒瓦等建筑构件，另有豆、碗等生活用具残片。

更为重要的是，在赵王陵2号陵陵台西北部发现了南北并排两组建筑基址，在陵台东北部地表0.6米深处还铲探出一处大型建筑基址，三处建筑基址面积合计达3000多平方米，并发现有大量的板瓦、筒瓦等建筑构件。2002年，赵王陵考古队对2号陵西北角建筑基址进行了发掘，揭露面积800平方米。出土了大型建筑基址，东西残长26米，南北宽约16米，现场考古人员推测这是一处带檐廊、铺地砖和瓦砌散水的高台式建筑。

赵王陵封土旁发现的建筑基址，研究赵文化并到过赵王陵2号陵的多数学者认为，这有可能是寝殿建筑，即《独断》所讲的"有起居衣冠象生之备，皆古寝之意也"，《三辅黄图》所说的"以象休息闲宴之所也"。以往学术观点认为，寝殿的修建开始于秦始皇时。但现在在赵王陵墓侧发现有寝殿，这就将陵墓设寝殿的历史向前推进到战国时期，于史书"古不墓祭，至秦始皇陵出寝"的记载不相吻合，应当进一步研究。

秦始皇陵寝殿建筑基址

62

千古风雨赵王陵

3号陵陪葬墓出土文物

　　1978年，对赵王陵进行考古调查时，在3号陵台西侧2.5米处发现了一座中字形土坑竖穴墓。墓圹东西长77米，口大底小，分墓室和东西墓道三部分。墓道内分别筑有殉葬坑及车马坑。因几经盗掘，车马坑内随葬品被盗狼藉，马骨凌乱。即使是这种状况，但仍有很多珍贵文物遗留下来。

　　在封土及填土内发现有铁铲、钉形骨笄及骨匕等。

　　椁室内残留有方足布、铜镞、兽首衔环小铺首、残铁削、蚌壳、金箔残片、陶弹丸等。

　　殉葬坑内有铜镜、铜印、有刺铜器、把饰、铜带钩、管形铜饰、铁削等。

　　车马坑内遗物有长筒车害、铜筒形车饰、铜卡环、盖弓帽、铜节约、铜铃、管状铜饰、铜带饰、铜管、铜泡、铜环、海贝、圆形骨管、八棱骨管、画花骨管、陶碗等器物。

长筒车害　　　　长筒车害

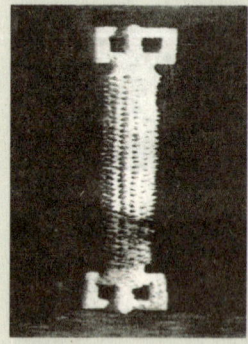

有刺铜器 　　　　铜带钩

铜卡环 　　　　圆形骨管

赵王陵出土珍贵文物

铜印

兽首衔环小铺首

兽首铜饰件

节约

车軎

铜铃

64

05 ZHAO WANG LING
赵王陵 探秘

千古风雨赵王陵

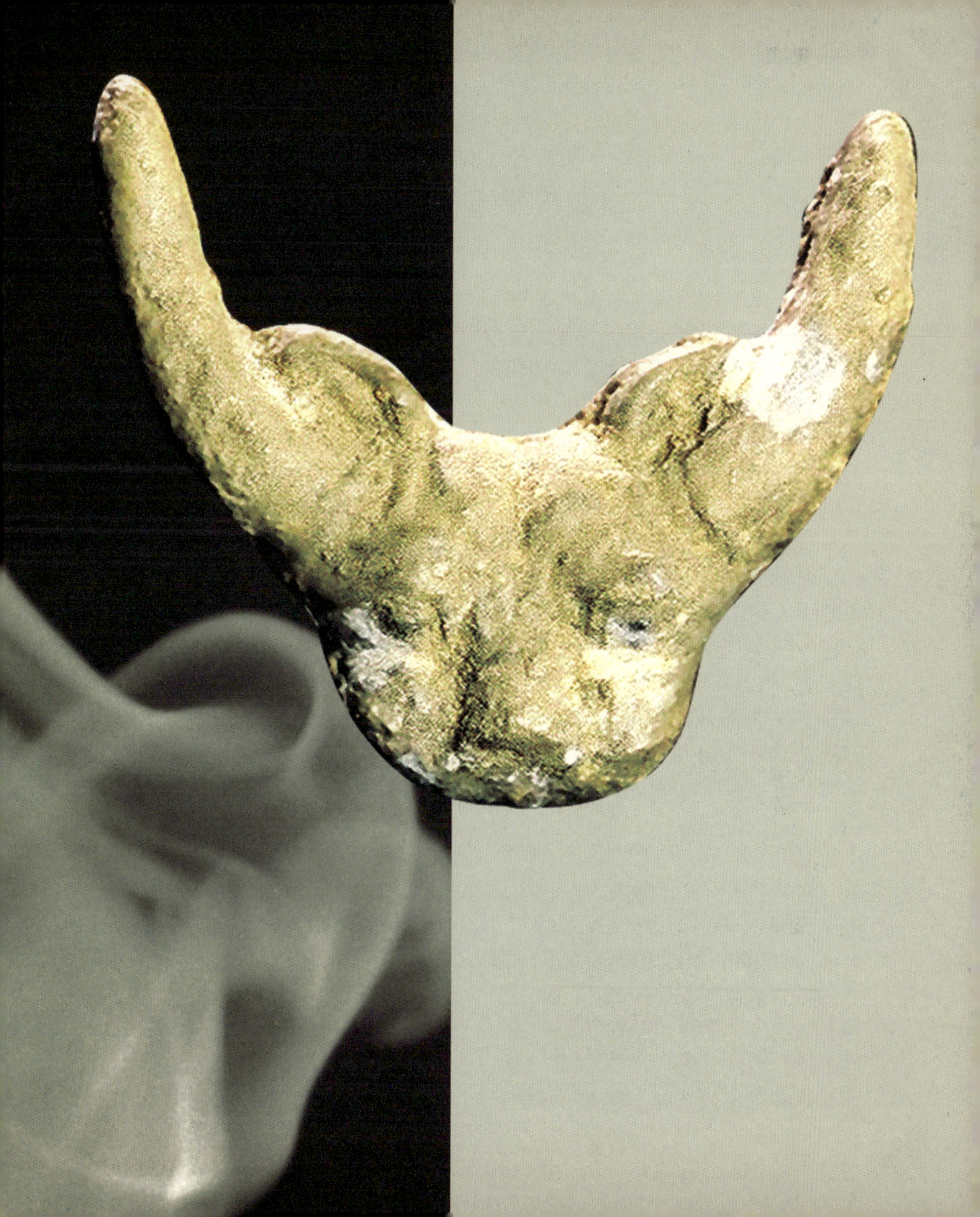

封土墓形制沿革

帝王陵墓及其附属建筑,合称为陵寝。属于政治性很强的大型纪念建筑,体现了奴隶制、封建制王朝的政治制度和伦理观念。中国历代封建王朝提倡"厚葬以明孝"、"事死如事生",每临皇帝死去,不惜动用大量的财力、人力为其建造巨大的陵墓。

远古时代,殡葬制度很简单。商代重视殡葬制度,至周代已把殡葬制度纳入到朝廷礼制范围。《周礼·春官》记载,冢人的职责为:"掌公墓之地,辨其兆域而为之图,先王之葬居中"。陵寝建筑是中国古代建筑的重要组成部分,反映了当时的经济状况、科学技术水平和营造工艺水平。

夏商周时期,人死之后,不树不封,就是平地而葬,墓地上不起坟,也不种树。《墨子》中记载,禹葬于会稽,就埋在一片耕地里。《礼记·檀弓》载:"古也,墓而不坟。"《易·系辞》载:"古之葬者,厚衣之以薪,葬之中野,不封不树。"西周以前,帝王坟墓多为木椁大墓,地面不封不树。这种葬制到春秋时期开始动摇,改变了过去不树不封的葬制。

在孔子生活的春秋晚期,由于铁器开始进入社会生活,生产力有了空前的大发展,整个社会进步的速度加快,作为上层建筑的许多制度,包括丧葬制度在内,已经出现僭越礼制的现象,墓不封土的古制也难以为继了。据《吕氏春秋》记载,当时破坏这种古制,兴起厚葬之风的已大有人在。以墓地封土一事为例,诸侯国排场之大、浪费之甚,已达到了惊人的地步。《吕氏春秋·安死篇》曾针对当时厚葬之风指出:"世之为丘垄也,其高大若山,其树之若林,……其设阙庭、为宫室、造宾阼也,若都邑。"即:丘陇高的和山一样,封土上种树多得和森林一样,在坟头四周建筑的寝宫、阙庭和高台阶建筑物和都邑一样。

最早见于史料记载的封土墓,似乎应以《礼记·檀弓》记载的孔子父母的坟墓。孔子将亡母的遗体与亡父合葬在防之后说:"我听说,古时候只设墓而不起坟,我孔丘是个周游四方的人,墓葬不可以没有个标志。"于是在墓上封土起坟,高四尺。孔子先回来,学生后到,遇见下大雨。学生回来后,孔子问他们说:"你们回来怎么这样迟?"学生回答说:"防地的坟墓被雨冲塌了。"孔子没有作声。学生把上面的话重复说了三遍。孔子伤心地流泪说:"我听说古时候是不修坟墓的。"这样看,就当时尊重古制而言,他至少有两处错误:一是墓不封土,他封了土。二是古时夫妇不合葬,他却把父母合葬了。

我们相信,首先打破这个古制的人,不一定是孔子,后人之所以把这个责任归到他头上,恐怕与他名气大,并且为这件事发过议论有关。

古代封土的形式也是多种多样的,《檀弓上》记述了孔子所见到的封土模样,"吾见封之若堂者矣,见若坊者矣,见若覆夏屋者矣,见若斧者矣,从若斧者焉",东汉末年的经学大师郑玄依次释为:"四方而高""旁杀平上而长""旁广而卑"

孔子墓

"旁杀刃上而长"即高堂式、大屋顶式、堤防式、斧刃式(马鬣式)。其意是他在各地亲眼看到了几种形状不同的坟丘,有的四方而高,像建筑的高堂一样;有的狭长而高,状若堤防;有的四方广阔而两旁向上尖削,如同覆盖的大屋顶;有的狭长而上尖,就像斧子的刃部,也颇类似于马鬣,谓之"马鬣封",孔子对后一种形状的坟丘比较欣赏。他和儿子、孙子死后都也采用了这种封土形式,看上去如一隆起马背,称"马鬣封",这是一种特殊的筑墓形式。孔子死前曾将

千古风雨赵王陵

自己离世比作泰山崩塌，而后人尊他为帝王之师万世之表。孔子墓葬，规格非凡，气势恢弘，连帝王之墓也稍逊一等，乾隆为此感叹："教泽垂千古，泰山终未颓。"考古发掘证实，春秋晚期确实出现了坟丘很高大的墓，如河南固始的一座公元前5世纪中叶的宋国墓，坟丘高达7米，直径55米。说明到了春秋时期不封不树的传统墓制已逐渐改变。

战国时代，普遍流行坟丘式的墓葬，世之为丘陇也，其高大若山，其树之若林。赵王陵作为赵王的陵墓，至今仍保留有整齐的陵台，高大的封土。秦国雍城陵区内未见封土，秦献公和秦孝公的陵墓在《云梦秦简·法律答问》中提及，"何为甸人，守孝公、献公冢者殴（也）。"何为冢呢？杨雄《方言》云："冢，秦晋之间谓之坟。"《周礼·冢宰》云："山顶曰冢。"《周礼·序言·冢人》也云："冢，封土为丘陇象冢而为之。"根据这些记载，冢就是在墓上筑起了山顶一样的封土，说明献公、孝公陵上已开始起封土了。单从秦国看，从秦孝公开始，秦陵上开始有封土了，被称为冢墓，到秦惠文王、秦武王时，冢墓越修越大，迄今仍可看到高大的封土。以后的秦公王陵都建有高大的坟冢，《汉书·楚元王传》载"及秦惠文、武、昭、庄襄五年，皆大作丘陇"。这种做法在作为春秋五霸、战国七雄之一的齐国至今也仍能看到齐四王冢。

随着坟丘墓的普及和发展，墓葬的名称也发生了显著的变化。春秋以前，各类墓葬统称谓之"墓"，除此之外，没有别的称谓。战国时代，墓葬的名称出现了"陵"、"冢"、"坟"、"丘"等多种别称。"陵"的本意是山，诸侯国君把自己坟墓上的封土修的象山一样高大，明确称为"陵"，并规定"民不得称陵"，"陵"就成了国君帝王墓葬的代名词，百姓的墓葬只能称"坟"或"墓"，这种称呼到现在在各地均有保留。"冢"原指高起的山顶，《释名·释丧制》载，"冢，肿也，象山顶之肿起也"。用冢来称呼墓葬，是因为它有山状的土堆。"坟"的原意是高起的土堆，《礼记·檀弓下》郑玄注，"土之高者曰坟"，杨雄《方言三十》云，

"葬而无坟谓之墓"。"丘"指土丘，《释名·释丧制》载，"丘像丘形也"。用坟和丘作为墓葬的别称，也是因为这时的墓葬有封土堆的缘故。杨宽先生在《中国古代陵寝制度史研究》中指出，战国时期，坟墓普通称丘、墓、坟墓、冢，君王的坟墓称陵。如《史记·赵世家》载，"肃侯十五年起寿陵。"这是历史上君主坟丘称陵的最早记载，也是君王墓称"陵"的开始，此后，君主坟墓曰"陵"，建寿陵逐渐渐成定制。寿陵，即帝王生前预筑的陵墓。称"寿"者，取其久远之意，如寿衣寿器之类。史书没有记载赵肃侯是最早建造"寿陵"的君王，但是，第一位为自己建造"寿陵"的君王又会是谁呢？后世帝王生前为自己建造寿陵的传统和赵肃侯起寿陵会不会有什么关系呢？《史记·秦本纪》记载：秦惠文王葬公陵，悼武王葬永陵，孝文王葬寿陵。秦惠文王规定"民不得称陵"（《七国考》）。从此"陵"成为帝王坟墓的专用词。至于春秋时代秦昭王的墓叫昭丘、吴王阖闾称虎丘，可能是坟至陵转换之间的称谓，一旦时机成熟，自然改丘为陵。清代顾炎武在《日知录》中指出："古王者之墓，称墓而已。……及春秋以降，乃有称丘者，楚昭王墓谓之昭丘，吴王阖闾之墓亦名虎丘。盖必因山而高大者，故二、三君之外无闻焉。"

秦始皇陵墓

千古风雨赵王陵

秦始皇作为统一中国的第一个帝王，认为自己德兼三皇，功高五帝，将"陵"改为"山"，称自己的"陵"为"骊山"。他建造自己的陵墓时，采用了封土墓结构，并发展到登峰造极的地步，他的陵墓是中国古代最高大的封土墓。

汉承秦制，皇陵多采用封土墓。如今在陕西咸阳原上自西向东依次为武帝茂陵、昭帝平陵、成帝延陵、平帝康陵、元帝渭陵、哀帝义陵、惠帝安陵、高祖长陵、景帝阳陵，一座座高大的封土墓一字儿排开，端正庄严，气势宏大。

随着社会的发展，这种封土墓也逐渐被淘汰。汉文帝刘恒在建造自己的陵墓时提出了与众不同的要求，不治坟，欲为省，毋烦民，主张就在山上挖个洞，用点砖瓦就可以了，开启了以山造陵的风气。因山造陵，从山腰横向凿埏道，达主峰之下，筑地宫为穴，充分显出了陵墓的宏伟气势，决不是封土墓可以比拟的，以山为陵的造陵宗旨，影响及于以后的许多帝王陵，特别是唐代皇帝的影从。唐代包括武则天在内，一共有22位皇帝，其中唐高宗李治和大周皇帝武则天是合葬陵，帝王陵共21座。唐代也有三座封土墓，高祖李渊的献陵，僖宗李儇的靖陵和武宗李炎的端陵。另外除昭宗李晔的和陵在河南洛阳，哀帝李柷的温陵在山东菏泽，殇帝李重茂无陵之外，其余都在关中，这就是有名的关中十八陵，他们有一个共同的特点，绝大部分是以山造陵。以山造陵，不见了封土，失去了西汉帝王陵端正庄严的气氛，却随山就势扩大了范围，强调了归于自然，协调环境的意味，更加宏伟壮观。这种造陵规制一直受到后世帝王的影从。

汉武帝茂陵

赵王陵墓主身份

赵王陵5座陵台共有7个封土墓冢,它们的墓主人分别是谁?这也是我们要探讨的问题。

由于目前赵王陵尚没有完全发掘,这仍是千古之谜。但从被盗文物和陪葬墓、陪葬车马坑的发掘来看,墓主人级别、地位、身份一定很高,赵王陵为赵之诸侯王们的身后之地,其争议应该是不大的。

赵敬侯元年(公元前386年),赵国迁都邯郸至赵武灵王开始实行胡服骑射改革,赵国的军事力量达到了空前强盛,"地方二千里,带甲数十万,车千乘,骑万匹,粟支数年"。与其他诸侯国相比,齐国是"地方二千里,带甲数十万,临淄之中七万户而卒固已二十一万,一家而三兵矣";魏国是"武士二十万,苍头二十万,厮徒十万,车六百乘,骑五千匹";韩国是"地方九百里,带甲数十万";燕国是"地方三千里,带甲数十万,车六百乘,骑六千匹";楚国是"地方五千里,带甲百万,车千乘,骑万匹";秦国是"昭王始有锐士虎贲百万,车千乘,骑万匹"。从《史记》记载中看,其国力都不及赵国,可见"山东之国,强莫如赵"(《战国策·赵策三》)。

自赵敬侯到赵王迁,传了八代。有关八代君王的陵墓,按《史记》的注释,有三位没有埋葬在邯郸。

关于赵肃侯的陵墓,《史记·赵世家》中有肃侯十五年(公元前335年)"起寿陵"的记载。晋代人徐广说"在常山"。赵肃侯时期的常山属中山国地界,将肃侯陵筑在作为敌国的中山国,这可能吗?!

关于赵武灵王的陵墓,唐代人张守节在《史记正义》中说"在蔚州灵邱县";东汉末年人应劭曰:"(灵邱)县以此得名"。山西大同城东南灵丘县城新华西街西段有一墓丘相传是赵武灵王墓,墓的附近也没有发现更为可信的依据。东汉末年据赵武灵王去世已经300多年,其中间跨越两个朝代的变迁,他的说法是否完全可信呢?至于唐代人张守节

千古风雨赵王陵

的观点，应该是采信了应邵的说法。为什么会形成应邵的说法呢？会不会是因为对赵武灵王墓葬的称呼"灵丘"与作为地名的"灵邱"谐音的缘故呢？我们不得而知，但是清代学者顾炎武在《日知录》中已经指出："赵武灵王墓谓之灵丘。"

山西灵丘县赵武灵王墓

有一种观点认为，虽然赵武灵王因沙丘宫变而死，但赵惠文王作为赵嫡传正宗，不大可能将武灵王远葬千里之外的灵邱。这似乎是比较合情合理的。但这只是一种推测，仍有待于考古资料的证实。

关于赵王迁的陵墓，《正义》引《淮南子》说，赵亡后，赵王迁被"流放于房陵"，《括地志》说，赵王迁墓在房州房陵县（今湖北房县）西九里，这有可能，亡国之君不可能再回葬邯郸。

那么，其余五个赵王的陵墓目前难以找到确切记载。

如果按照这些片言断语资料的记载，现存五座陵台应该是赵敬侯、赵成侯、赵惠文王、赵孝成王、赵悼襄王的陵墓。

但是现在五座陵台中有两座上面并排两个封土墓冢，如果它是夫妇异穴合葬墓，那其余的三座陵墓为何是一个封土墓冢，不采取同样的葬制呢？这一个个千古之谜使得我们至今苦苦思索，而不得其解。

在建造时间上比赵王陵稍早，且与赵姓同祖的秦国陕西雍城陵区中，根据陵园内中字形墓葬数量，可分为三种类型：第一种只有一个陵园，陵园内有三座中字形墓，埋葬的国君在两位以上。第二种陵园内只有一座中字形墓，即只埋葬一位国君。第三种陵园内有两座中字形墓和车马坑，应是国君和其夫人并穴合葬。从"秦赵共祖"记载看，赵王陵2、4号陵是各自埋葬两个王还是赵王与其夫人并穴合葬呢？目前由于资料所限还难以确准。

有人认为作为赵国的王陵，其等级葬制应是十分严格的，至于为何在一个陵台上筑两个封土墓，恐与当时的经济实力或有意利用自然地形条件有关。因此，这七座封土墓冢应该包括赵肃侯和赵武灵王的墓在其中，即这七座封土墓冢埋葬着战国时期以邯郸为都城的除赵王迁以外的七位君王，即赵敬侯、赵成侯、赵肃侯、赵武灵王、赵惠文王、赵孝成王、赵悼襄王。

查地方史料，明嘉靖《广平府志·古迹志》陵墓类："赵惠文王陵与孝成、悼襄二王墓俱在邯郸县西北，俗称三陵。西一陵在三陵村西北紫山东南，去县二十里许，墓有三顶。中一陵在西陵东北三里许，向东有甬道、土阶，长约半里，墓有二顶。东一陵去中陵又十里许。远临洺关亦有甬道二顶。"其中所指"西一陵"，应即今3号陵，"中一陵"即2号陵，"东一陵"即1号陵，而临洺关的"甬道二顶"显系4、5号陵。所记赵王陵墓群的方位与今相符。明万历、清三代的《邯郸县志》也载，赵王三墓在县西北二十里，亦名三王陵。自明嘉靖至今已有470余年，明代的"三陵村"今已不存，嘉靖时"三陵村"是一个村庄，而现在则是陈三陵、姜三陵、张三陵、李三陵、中三陵、薛三陵6个带陵字的自然村庄。

从这一带的村落分布情况来看，《广平府志》所称的"三陵村"，应是今天的陈三陵村。近年，新出版的《邯郸县地名志》称中三陵村系陈三陵村分出的一个村庄，因位置居中，故称中三陵。那么其余4个带陵字的村庄也难以排除是从陈三陵村分户出来的可能性。联系《汉书》高祖令民五户为悼襄王守陵的记载，说明悼襄王墓在邯郸县境内。虽然这一带的村庄已发生了一些变化，但赵王陵五座陵台历经千年封土依然高大如山，雄伟壮观。

赵王陵的各个封土墓主人究竟是谁，即赵王陵始葬究竟是以怎样的顺序埋葬的呢？根据《汉书》、《广平府志》及《邯郸县志》所记，三陵村西北的三陵有可能是惠文王、孝

千古风雨赵王陵

成王、悼襄王的陵墓，似乎赵敬侯、赵成侯、赵肃侯的墓是今永年县境内的4-5号陵（两个陵台3个墓冢），而邯郸县境内的3座陵台4个墓冢应该依次为武灵王、惠文王、孝成王、悼襄王陵墓。

如果这种推测成立的话，那么是不是意味着赵王陵是自东北始葬，并依次向西南排列的，况且，都城赵王城在其西南约13公里处，王城离王陵不远，这在战国也不是孤例。当然，我们这种推测需要更多的考古实据来支持。

作为赵国公族权力和威严象征的王陵，其始葬序列理应是十分严格的。在王陵区域内，各个王陵的排列也应该是有一定顺序的。有学者认为赵王陵2号陵北封土墓墓主人是赵惠文王。假设这种推测能够成立，那么我们就比较容易地排列出赵王陵的埋葬序列，验证赵王陵自东北向西南的始葬序列的最大可能性，即1号陵墓主人是赵武灵王、2号陵北封土墓主人是赵惠文王、南封土墓主人是赵孝成王、3号陵墓主人是赵悼襄王、4号陵北封土墓主人是赵成侯、南封土墓主人是赵肃侯、5号陵墓主人是赵敬侯。千古之谜，得以大白于天下。那对于苦苦寻觅赵文化之源的人们来说，该是多大的惊喜啊！然而由于目前受到考古资料和文献记载的局限，这种可能只能是一种猜想。因此，我们更期待着赵王陵被盗墓室的抢救性清理工作能够继续进行。

赵王陵墓群布局示意图

赵王陵有无"天子驾六"

赵王陵2号陵5号陪葬车马坑第二组车马为一车六马组合，车是独辀车，形制较大，六匹马分两排排列，前排二匹，后排四匹，分置车辀两侧做驾乘状态。

古代文献上有"天子驾六马"的记载。赵王陵2号陵5号车马坑中六匹马驾驭的车有可能是"天子驾六"之车吗？

这组陪葬车马与洛阳市文物工作队在河洛文化广场发掘出的"天子驾六"车马以及湖北九连墩楚墓1号墓车马坑出土六乘车相比，有许多相同之处：

——都是独辀车！
——都呈驾驭状！
——都是实用车！
——都由六匹马驾车！
——都是同位葬车马！
——都配备精美的车马饰件！

赵王陵"天子驾六"葬式

洛阳"天子驾六"车马坑

湖北九连墩楚墓出土的六乘车

千古风雨赵王陵

但是赵王陵出土的车马却有自己的特点，在马匹的排列分布与洛阳、九连墩车马相比有很大区别。它们的车马在车辀两侧一字儿排开，一边三匹并列；赵王陵的这组车马则分为前后两排，前排两匹牵引，后排四匹分置车辀两侧。至于为何分为两排，是出于驾役的方便，还是与"胡服骑射"的改革有关呢？有人提出可能在下葬时，由于坑的东西长度不够，而把最东侧的车马交换了位置（即认为1、2号马与1号车为一组车马），才形成了现在的布局，认为不是一车六马组合。如果详辩1号车及其前面的位置，不难发现，即使是交换车马位置，他们所占的长度也相差无几，况且1号车似乎是专门用来陪葬的冥车。考古发掘人员说，在前两匹马与后四匹马之间没有见到牵引的痕迹。因此在正式的考古发掘报告发表之前我们还不能确定。

古代帝王车驾有一套严格的銮驾制度。秦始皇作为统一的帝王认为自己"德兼三皇，功过五帝"，在车制上进行了较大的改革，并形成了一套制度，并且设计了专为皇帝乘坐的金根车，前驾六匹马。但是，到目前为止，仍没有出土文物实证。史书上对天子之乘的六匹马模样未进行过介绍。赵王陵车马坑中六匹马驾驭的车会不会解开这个谜团呢？假如我们如果能确定赵王陵车马坑中六匹马驾驭的车就是"天子"之乘，那么它的发现不仅实证了战国时期，列国纷争，周王室日渐衰微，只保持着宗主国的躯壳，而且在礼制上，诸侯国不断僭越，礼崩乐坏这一历史事实。

赵国经过"胡服骑射"改革，国势日渐强盛，赵惠文王、赵孝成王时期赵国国力达到鼎盛，成为战国七雄之一，地方千里，兵强马壮，"带甲数十万，车万乘，骑万匹"，可与秦国抗衡，可见赵国当年的雄风。如此规格的车马葬式，为研究战国时期赵国历史，特别是对赵国的经济、军事和殉葬制度方面，提供了极为难得的资料。

赵王陵有无石像生

神道是赵王陵各座陵园较为重要的组成部分。

从现有资料看,秦和西汉的陵墓尚不见有通向陵冢的神道,因此有的学者结合东汉帝王陵和汉以后各代帝王陵用神道和石雕布置陵园的特点,提出了东汉首创通往墓冢的神道,而且两侧都置石像、石马、瓮仲等,使陵园作为一个纪念性的建筑物,内容更加充实,形式更加完整,美感大大增强。清代王芑孙《碑版文广例》卷六:"墓前石人不知制所从始……今汉制传于世者,有门亭长、有府门之卒,有亭长。唐人亦谓之翁仲。"

赵王陵每座陵台都有宽大笔直的神道,这样看来,东汉首创通往墓冢神道的观点,从赵王陵的形制上看似乎值得商榷。

作为战国七雄之一的赵国的王陵,其神道两侧,是不是如同后世统一帝王陵前的神道两侧,布置有石人、石兽等石像生呢?

赵王陵神道

所谓石像生者,即陵墓神道两侧排列的人兽石雕像。石像古称"翁仲"。翁仲之名源于秦。据说秦朝有位大将叫阮翁仲,身高一丈三尺,力大无穷,异于常人,曾驻守临洮,因镇服匈奴有功,死后,为纪念他,秦始皇令铸其铜像,放在咸阳宫司马门外。后来,人们就把铜像、石像通称为"翁仲"了。这里放置文武勋臣,象征着朝廷百官,帝王威严和尊贵。

陵园墓前石雕最早出现在什么时候呢?

秦代乃至先秦陵园石雕作品实物早已淹没在漫长的历史烟云之中,鲜有见到实物。

日本学者大村西崖在《中国美

术史·雕塑篇》中依据《水经注》等书的记载认为："墓前石兽的起源虽不详，但以仲山甫冢前物为最早。仲山甫为周宣王时人，其冢在咸阳县城西，冢西有石庙。"

《述异记》载："广州东界有大夫文种之墓，墓下有石为华表、石鹤一只。种即越王句践之谋臣也"。这也是关于先秦墓前石雕的一种说法。《史记·吴太伯世家》云：吴王阖庐之冢"卒十余万人治之，取土临湖，葬之三日，白虎居其上，故号云虎丘"。这里的白虎很可能是镇墓驱祟意义上的石雕设置。晋代的葛洪在《西京杂记》载，汉五柞宫"西有青梧观，观前有三梧桐树，树下有石麒麟二枚，刊其胁为文字，是秦始皇骊山墓上物也，头高一丈三尺，东边者前左脚折折处有赤如血，父老谓其有神，皆含血属筋焉"。因此可以认为秦代已采用陵园石雕的造型方式表示神瑞题材，其造型样式可能近似于分列墓前的汉代神兽。

这样看来，在陵前放置石像生，是从秦、汉沿袭下来的。唐朝封演《封氏闻见记》也写道："秦汉以来帝王陵前有石麒麟、石辟邪、石象、石马之属，人臣墓前有石羊、石虎、石人、石柱之属，皆所以表饰坟垄，如生前之仪卫耳。"秦汉时放置麒麟、象、马；汉代石兽尚未定型，东汉墓前的石辟邪兼具六朝麒麟、辟邪的形象，南朝时才区别为几种类型。凡在帝陵前的独角兽称麟麟，双角的称天禄；而在王侯墓前的石兽，无角称辟邪。但它们在外观上仍都是狮形。天禄、辟邪还有翼。南京附近遗存的六朝陵墓，现存石兽还有25处。唐代则是狮、马、牛、羊、玄鸟、文臣、蕃酋；宋朝与唐十分相似；明朝却设麒麟、骆驼、獬豸、马、象、狮子、文武勋臣。南京孝陵神道两侧依次排列着12对巨大的石兽：狮子、獬豸、骆驼、麒麟、马、大象；每种4只，分为两组，南北二对，一立一蹲。这些石兽形体高大，造型逼真，面面相观，栩栩如生。待过直角拐弯处，两侧松柏掩映，翁仲肃立。8个4组，两两相对，文武各半。文臣头戴朝冠，手捧机笏；武将身披甲胄，手持金吾。北京十三陵的石像生虽仿孝陵制作，

西汉霍去病墓

唐乾陵神道及石像生

宋陵神道及石像生

十三陵神道及石像生

但增加了四勋臣；清朝基本是仿明十三陵放置石兽。

综上所述由末逐本，赵王陵神道两侧不排除存在石像生的可能性。因为赵国与秦年代相去不远，而且在文化上存在着极深的渊源。

然而，站在赵王陵前，今人为何看不见神道两侧的石像生呢？是人为的破坏？是毁于战火？还是被迁往另处，挪作他用？或者也许赵王陵前根本就没有？这一个个不解之谜至今仍是我们力求要寻找的。但战国时期已经出现了陵园前的石雕而且以兽类为主，用以镇墓驱邪，这一点似乎可以置信。因此，我们认为在对赵王陵陵区进行彻底的考古发掘之前，尚难以定论。

从空中俯瞰，宽大的神道就像一条长长的地毯，铺在王陵之前，台阶清晰，层次轮廓分明可辨。后人拾阶而上，寻古探幽，一种对先人怀古缅思之情油然而生，令人更生无限遐想……

06

ZHAO WANG LING
赵王陵与秦始皇陵比较

→ 千古风雨赵王陵 ←

陵区布局

1997年至1999年间，2、4、5号陵相继被盗。为配合案件查处并加强保护，1998年10月至12月，市、县文物部门曾进入2、4号陵被盗墓室进行现场勘察，并对2号陵进行了初步钻探。

2000年3月以来，省市文物部门联合组成赵王陵考古队，对赵王陵进行了多方面的调查，除对五座陵进行详细调查和测绘外，还重点对2号陵进行了全面勘探和试掘调查，基本摸清了赵王陵陵区布局。

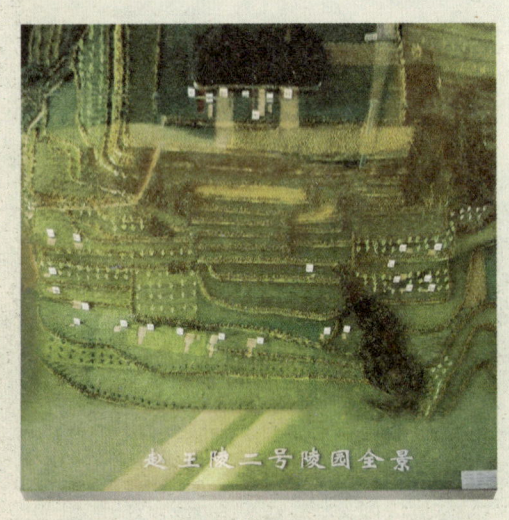

赵王陵2号陵沙盘模型

赵王陵布局的基本特征是：

（1）从王陵坐落方向看：赵王陵五座陵台均坐西朝东，这种葬式一直受到后世帝王的承袭，汉承秦制。三国两晋南北朝时期相对纷乱，多数不见墓葬，直到唐太宗李世民的昭陵，才一改秦汉以来坐西朝东的旧例，改为南北方向。

（2）从王陵组成部分看：赵王陵五座王陵都有以自然山丘为基础整修而成的陵台，构成了陵园的主体部位。陵台中部有主墓，其中1、3、5号陵各一座，2、4号陵各两座。陵台东侧有神道，除3号陵外，现都保留有宽大的神道，考古调查发现3号陵原来也有宽大的神道。另外，除5号陵外，1-4号陵台北侧都发现有建筑遗迹。在对2号陵进行的详细勘查中，在陵台台面东部还发现了5个陪葬坑，台面东侧发现有大量的陪葬墓，考古人员推测其余4座陵也应该有十分相似的布局。这样看来，赵王陵是由陵台、主墓、神道、陪葬坑、陪葬墓、建筑基址等几部分组成。

（3）从宫垣墙看，陵台四周的夯

筑痕迹是陵台四周原来土墙或回廊式宫垣墙的遗迹。考古人员在对2号陵进行全面铲探时，发现台面周边全部经过夯打加固，认为2号陵台四周原筑土墙或回廊式内宫垣，东侧设门阙，并进一步推测认为其他几个陵台也应有同样的建筑。古代为了保护王陵的安全，遂在陵园周围修建了保护性措施。最早是在陵墓以外修建隍沟。隍沟作为防御设施在母系氏族公社时期的半坡遗址中就有发现。赵王陵陵台四周的土墙或回廊式宫垣墙是不是为了保卫王陵的安全而夯筑的呢？

（4）从建筑基址看，赵王陵已经出现了寝殿、便殿建筑。"寝"的本意是附在庙后的小屋，原是供神休息用的。所以庙造在前面，有正厅，有两厢；"寝"附在庙后，非厅非厢，几间小屋而已。后来寝殿就归人用了，成为了那些与祭者行礼的地方，于是寝殿越盖越大，也越讲究。经过详细认真地调查，考古工作人员在赵王陵1至4号陵陵台北部都发现有建筑遗迹，尤为重要的是，在2号陵陵台北部发现了三处建筑基址，面积合计达3000多平方米，并发现有大量的板瓦、筒瓦等建筑构件。考古人员对其中一处进行了发掘，仅揭露了800平方米，就出土了一处带檐廊、铺地砖和瓦砌散水的大型高台式寝、便殿建筑基址。赵王在自己建造陵园时，把原来建于宗庙的"寝"移至陵园之内，这一改变与以后的许多帝王陵是一致的。这种相似的做法会不会有一定的传承关系呢？

（5）从封土看，赵王陵各个封土形状都是覆斗状，都在陵台的中部或稍偏南一点的位置。赵王陵1、3、5号陵各有封土一座，2、4号陵各有封土两座，虽然经过了2000多年历史岁月的洗礼，仍然十分高大。它们在平整的陵台上中部更显得巍峨，充分体现了"居中而尊"的传统思想。特别是赵王陵1、3、5号陵，台面上仅有一个高大的封土，显得尤为壮观。这是否开启了后世统一帝王陵园中"一家独尊"的理念呢？

（6）从神道看，赵王陵的五座陵台东侧都筑有宽大的神道，神道所在直线是陵园的中轴线，具有重要的考古意义。神道也叫司马道，是

千古风雨赵王陵

古代帝王去世后特意为其专修的道路。考古调查显示，赵王陵每座陵台东侧都有笔直宽大的神道，经过了两千多年的岁月洗礼，除3号陵外，其他各陵的神道都保留了下来，虽然部分受到了破坏，但是仍然十分宽大，笔直壮观，尤其是赵王陵4号陵神道现在仍保留长290多米，宽度在56至75米之间。这些重要遗存都为我们研究陵园布局的发展提供了十分珍贵的资料。

（7）从陪葬坑看，赵王陵的陪葬坑多位于主墓的东侧，并且采用了实物陪葬和冥器陪葬的方式。赵王陵考古队在对2号陵进行全面铲探时，在主墓东侧墓道的两侧发现有5座陪葬坑，并对1号、5号陪葬坑进行了发掘。1号陪葬坑位于北主墓东墓道南侧，平面长方形，东西长19米，南北宽2米，深2.4米，坑底埋葬有13辆小型木车模型，现场考古人员认为这些车是专门用来陪葬的冥器"偶车"。5号陪葬坑在本书第四章已辟专章详细介绍。赵王陵"偶车"现象为我国冥器陪葬的历史提供了难得的资料，把"偶车"现象提早了百余年。

（8）从陪葬墓看，赵王陵陪葬墓多居于陵台东侧台下的神道两侧。赵王陵采用了陪葬制度，在主陵附近，让那些王亲贵胄或功臣大将造墓陪葬。考古勘探发现，仅在2号陵陵台东侧就有陪葬墓23座，其中带一条墓道的甲字形墓4座，不带墓道的墓19座。历来陪葬都有严格的等级规定，墓的形式也不可逾制，这个制度对后世有很大影响，成了一种政治待遇。古代帝王陵周围都有很多陪葬墓。例如在汉武帝茂陵周围陪葬的有卫青、董仲舒、公孙弘、李延年、上官安、上官桀、敬夫人等。从后世为帝王陪葬的现象看，为赵王陪葬的绝非一般人，至少应该是赵王的重臣亲信。他们究竟是谁？千古之谜的解开有待于考古发掘的进行。

（9）从陵园墙看，赵王陵出现了保卫王陵区域的外墙，是保卫陵园安全的又一道屏障。上世纪50年代，文物部门对赵王陵3号陵进行调查时发现，3号陵台四周，沿3号陵台边沿外扩约150米，原有陵园墙，东

赵王陵与秦始皇陵比较

墙长496米，西墙长498米，南墙长464米，北墙长489米。墙体大部分已坍塌，北墙中部尚有一段，长约16米，高约1米，东墙中部残存一段，长16米，高约1.1-1.3米，其余仅存地面以下的夯土墙基，宽7-11米不等。

（10）从面积看，赵王陵规模宏大，占地面积很广。赵王陵陵区由五个陵园组成，自5号陵北侧至3号陵南侧南北距离7公里，自5号陵东侧至3号陵西侧东西距离4公里，总面积达28平方公里。从空中俯瞰，赵王陵占据如此广袤的土地西倚巍巍太行山，东望无际大平原，是何等地壮观。赵国以一个诸侯国，建造如此规模的王陵，是何等的手笔！何等的气魄！

秦始皇陵园的布局与赵王陵在陵区规模、陪葬坑数量大小等细部虽有许多不同之处，但更多的相同之处，直到现在仍令我们深思。

（1）从坐落方向看，秦始皇陵同赵王陵一样，坐西朝东。

（2）从王陵组成部分看，秦始皇陵同赵王陵一样，由陵园、主墓、神道、陪葬坑、陪葬墓、建筑基址等几部分组成。

（3）从宫垣墙看，秦始皇陵建筑有"回"字形城垣，这与赵王陵在陵台四周建宫垣、门阙的做法十分相似。

（4）从建筑基址看，秦始皇陵区同赵王陵一样，已经探明有大型寝殿、便殿及其他建筑，并且也集中在封土西北侧。

（5）从封土看，秦始皇陵同赵王陵一样，封土形状是覆斗状，并且位于陵台的中部偏南一点，同样包含了"居中而尊"和"一冢独尊"的思想理念。

（6）从神道看，秦始皇陵同赵王陵一样，神道（司马道）为东西走向，只是秦始皇陵区发现道路较多，其神道有待进一步确认。

（7）从陪葬坑看，秦始皇陵同赵王陵一样，陵区内都发现了大量分布的陪葬坑，并且主要陪葬坑位于主墓的东侧，采用了冥器陪葬的方式。

（8）从陪葬墓看，秦始皇陵同赵王陵一样，在秦始皇陵也发现有大

千古风雨赵王陵

量的陪葬墓，为秦始皇陪葬的人的身份同样是不解之谜。

（9）从陵园墙看，秦始皇陵同赵王陵一样，可能也出现了保卫王陵区域的外墙。文物工作者曾在兵马俑坑以东的代王镇发现过双门阙遗址，怀疑这就是第三重城垣即秦始皇陵园墙的遗迹。

（10）从面积看，秦始皇陵同赵王陵一样，只不过是规模更加宏大，占地面积更广，整座陵区占地面积56.25平方公里。更体现了王者之风。

史载"秦赵共祖"。在帝王身后之地的建筑上，赵王陵和秦始皇陵太多的相似之处，这也许能为秦赵文化的深入研究提供依据。

秦兵马俑展馆外景

墓 葬 结 构

中国古代的墓葬结构有各种形制，分别代表不同的身份和地位，是权力和地位的象征。"亚"字形墓4条墓道，是最高级的，是古代天子和皇帝的墓葬。"中"字形墓室2条墓道，是诸侯级别的墓葬。"甲"字形1条墓道，是大臣级的墓葬。从商周到汉代，帝王的墓道通常都为4条，分别贯穿东南西北四个方向，这是尊贵身份和地位的象征。

1997年至1999年间，赵王陵2号陵、4号陵、5号陵相继被盗，为配合案件查处并加强保护，1998年10月至12月，市、县文物部门曾进入2号陵、4号陵被盗墓室进行现场勘察。

赵王陵4号陵北封土墓为竖穴土坑木椁结构，封土顶部距墓底深32米，下部已坍塌，底部向上高13米处尚留有高约2米的空洞。

赵王陵2号陵北封土墓为竖穴岩坑石室墓，即由山体从东西两侧凿出斜坡式墓道，进而凿入山体内腹形成岩洞式墓室，封土顶部距墓底深32米；墓室平面呈近方形，边长约12米，顶部原貌不详，现坍塌为穹隆顶，通高17米。室内下部积炭及淤积、坍落土石厚近9米，早期曾盗扰。

2000年3月至12月赵王陵考古队对2号陵进行了考古勘探，弄清了2号陵的整体布局，并查明了2号陵两座封土墓均为带前后两条墓道的"中"字形大墓，全长均在百米之上，且东（前）墓道长于西（后）墓道。其中北封土东墓道，长约60米，墓道口宽约16米，西墓道长约26米，墓道口宽约12米，两条墓道平均深度都是10米，最深处都达22米。

为了有效保护赵王陵墓，当时在赵王陵前期调查中，还应用了先进的地电影像（地学CT）地学探测技术，查明了2号陵主墓墓室的规模、文物分布等基础资料。该技术通过多道连续观测，全方位、高密度地采集地下信息，并经过计算机反演处理，直接生成地下的二维、三维电性分布影像。观测仪器选用先进的E60B型遥测地电仪，该仪器以一根9芯电缆联接64个采集站，由主机程

千古风雨赵王陵

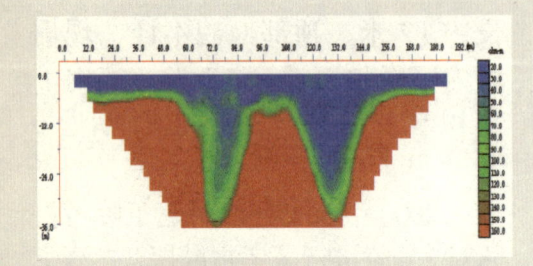

穿过墓室的地电剖面

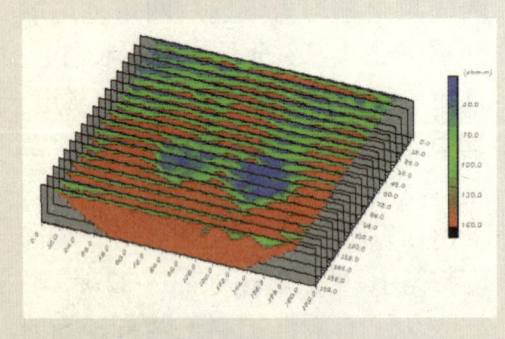

赵王陵2号陵三维地电影像

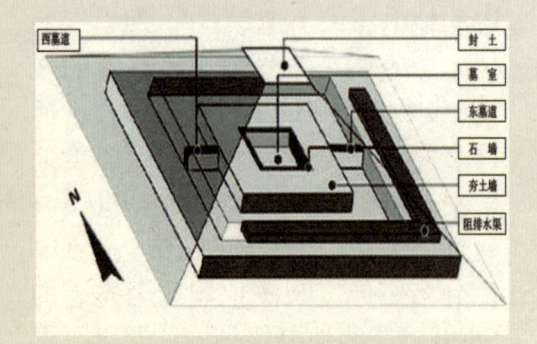

秦始皇陵地宫透视图

控采集和切换，实时监测视电阻率影像，从而保证了数据采集的高质、高效。采用这一技术清晰显示了墓室的形态、埋深及墓道、陪葬坑的布局。地学新技术的成功应用，为赵王陵区的规划、开发提供了科学依据。由于剖面稀少，磁法的人为干扰未能全部消除等因素，本次测量只给出墓室建筑位置、埋深、大小、形状。至于墓室内所藏陪葬品有多少，仍是未解之谜。

赵王陵的墓葬结构形式，秦始皇在建筑自己的陵寝时予以了采用。

（1）通过物探遥测，秦始皇的墓室东西长80米，南北宽50米，空间高度15米，墓底距离封土顶72米。墓室或墓道的顶部为青石质，结构与赵王陵十分相似。

（2）按常理，秦始皇作为统一帝王，他的陵墓应该有4条墓道。通过物探遥测，秦始皇陵坐西朝东，也是有东西两条墓道的"中"字形大墓，且墓道东长西短，这与赵王陵完全相同。

赵王陵与秦始皇陵比较

车马坑结构

赵王陵5号陪葬车马坑同秦始皇陵兵马俑坑一样，采用了类似木椁室的地下坑道式土木结构。

秦始皇陵的兵马俑俑坑的建筑经过了挖坑、铺地、架木、覆土等环节。在建造时先根据俑坑的形制、大小挖成土坑，沿土坑周边内侧夯土加固，底部用土逐层夯筑作为地基，内部筑成一条条的夯土隔墙，并在隔墙两侧及土坑的四周排列木质立柱，立柱的顶端承托梁枋，从而构成木质结构的立体框架。然后在梁枋上搭盖密集的棚木，棚木上覆盖一层芦苇或竹席，席上再覆盖黄土以形成坑顶。门道同赵王陵车马坑一样采用了斜坡式门道，并且也是采用了立木封堵的方法并用夯土填实。

赵王陵5号陪葬车马坑

秦始皇陵兵马俑坑道

赵王陵车马坑坑道与斜坡道间隔墙

秦始皇陵兵马俑坑道与斜坡道间隔墙

赵王陵车马与秦始皇铜车马

赵王陵2号陵出土的第三、四组车马在出土时虽然因土石重压遭到了严重的破坏，但是从其轮廓上仍能看出来，第三组车马同秦始皇2号铜车马，第四组车马同秦始皇1号铜车马在形制十分相似。

秦始皇铜车马，1号车为立车，又称高车，2号车为安车，又称辒辌车，两辆车均是双轮，单辕，前驾四马，与真实的车马相同，仅是缩小了一半。与秦始皇陵铜车马相比，赵王陵三、四组车马虽然不如青铜马易于存世，但却是威威生风的真马真车。《周礼·冬官》："轸之方也，以象地也；盖之圜也，以象天也；轮辐三十，以象日月也；盖弓

赵王陵安车四马

赵王陵高车四马

秦始皇2号铜车马

秦始皇1号铜车马

赵王陵与秦始皇陵比较

二十有八,以象星也"。这是车教之道,但实际在制造车时又不拘于定式。仅以轮辐为例,战国时期已逐渐演变为以20多根或30多根作为标准。

赵王陵车马的出土为研究中国古代的车舆制度提供了真实的依据。

秦始皇多次出游天下,文武百官,前呼后拥,车马仪仗,次第相随,浩浩荡荡,威风凛凛。秦始皇的车队中应该不会缺少用来躺卧休息的安车和途中办公的高车吧。

赵国的君王们在经过了最早的胡服骑射后和在以后的南征北战中,会不会也是乘坐这样的车马或巡视,或出游,或征战,怡然外出呢?答案应该是肯定的。

赵王陵车马坑出土的车轮

秦始皇陵车马坑出土的车轮

安钢扩建中出土的车轮

临淄车马坑出土的车轮

92

千古风雨赵王陵

秦始皇陵与赵王陵在陵区布局、墓葬结构、陪葬坑、陪葬车马上，有这么多相似之处，为什么会出现这种现象呢？史载"秦赵共祖"，风俗文化源远流长。

秦始皇陵与赵王陵如此多的相似之处会不会与他的身世有关呢？

秦始皇出生于公元前259年正月，因出生在赵国，故名赵政。又因其祖先伯翳被赐姓嬴，所以又称作嬴政。关于秦始皇的出生至今还是一个谜。一种观点认为秦始皇是一个私生子，他并不是秦庄襄王的儿子，大臣吕不韦才是秦始皇的真正生父；也有人则执否定态度。之所以会出现以上两种截然不同的观点，是因为秦始皇的父亲秦庄襄王是一个曾经为质于赵国的落难王孙，居住在赵国的丛台下。庄襄王原名异人，是秦昭王的孙子、孝文王的儿子。异人不是长子，亲生母亲夏姬失宠，所以被秦王送至赵国做人质。人知命运难卜，随时有身为粪土的可能。秦赵两国都是大国，随时发生战争，异人的处境岌岌可危。这时，大

吕不韦

商人吕不韦遇见了异人，吕不韦深知异人的境遇，认为奇货可居便与异人结好，花费千金把他送回秦国，通过各种办法使安国君和华阳夫人把异人作为嫡嗣。为了讨得华阳夫人这个楚国人的欢心，遂将异人改名为子楚。公元前251年，秦昭王去世，安国君继承王位即孝文王。而当时的孝文王已经53岁了，先服丧一年，然后正式即位，即位后第三天便离开了人世，异人便继承了王位，而吕不韦因为有功，被封为秦国丞相，从一个大商人变成了一个大政治家。据《史记·吕不韦列传》载：当吕不韦在邯郸经商时，家缠万贯，娶了能歌善舞的绝世美人赵姬，与之同居，且有身孕。而在一次与异人饮酒时，异人一眼便

赵王陵与秦始皇陵比较

看上了这位赵国的美人，请求吕不韦把这位大美人让给他，吕不韦虽然不高兴，但为了以后达到政治上的目的，只好把这位绝世佳人送给了异人。但当时异人不知道赵姬已有身孕，后来便生下了秦始皇。这段记载实质上认定秦始皇是吕不韦的私生子。

无论秦始皇是谁的亲生儿子，有一个事实却是不争的，那就是他生在邯郸，长在邯郸，自小会受到赵地文化的深刻影响。那么他在称帝后，为自己百年之后选择吉地建造陵墓时，难道不会吸收东方六国的陵墓制度，难道不会受到赵王陵的影响吗？

如此多的相同之处，是偶然，是必然，抑或是秦人"秦赵共祖"之风俗也？抑或是秦始皇生于邯郸，受了邯郸的影响？抑或是少年时在邯郸做人质，耳濡目染之故也？否则，赵王陵与秦始皇陵为何如此之多的共同之处呢？随着秦始皇陵考古工作的进一步深入，作为战国七雄之一赵国的陵墓文化研究，一定会有更多惊人的发现。

秦始皇雕像

赵姬

94

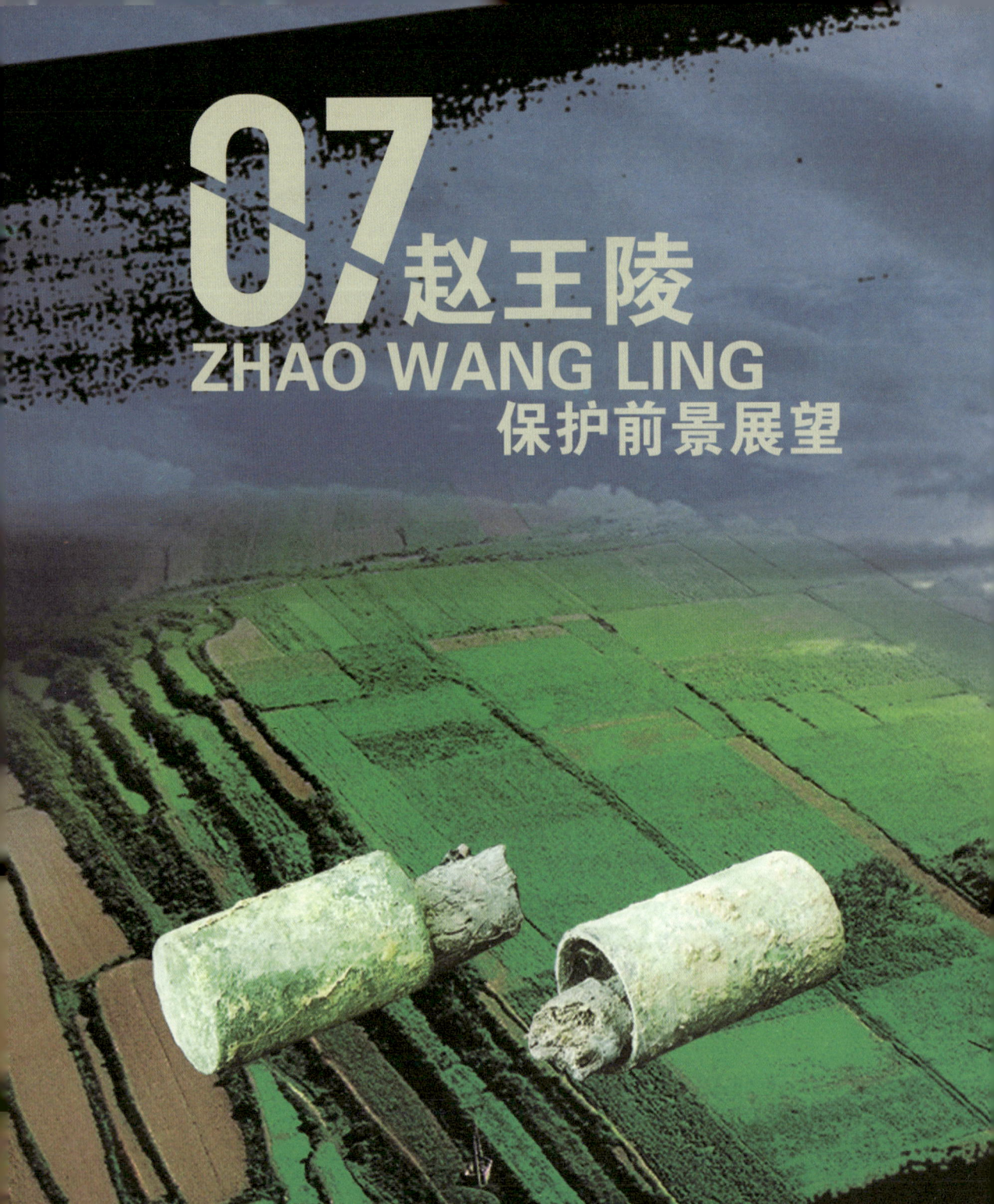

07 赵王陵
ZHAO WANG LING
保护前景展望

千古风雨赵王陵

古代赵王陵保护工作

赵王陵所在地，战国时期属赵国邯郸，秦统一全国后辖于邯郸郡，西汉时属赵国邯郸县、易阳县，隋开皇六年（586年）后，统属邯郸县（是年改易阳为邯郸），隋开皇十年（590年）又分属邯郸县、临洺县（是年改易阳为临洺县），唐袭隋制，宋熙宁六年（1073年）后分属邯郸县、永年县至今。

史书上有关赵王陵的文献记载很少。但是赵王陵作为战国七雄之一赵国君王身后之地，按照古人"事死如事生"的观念及厚葬的习惯，在当时理应受到足够的重视，并得到妥善地保护。对于赵氏的后人来说，赵王陵不仅仅是祭祀先祖，凭吊亡灵的场所，更是其向天下臣民彰显王者之风的象征。

战国时期，赵地掘坟盗墓之事盛行，以至史学大家司马迁在《史记·货殖列传》中说"（赵地）丈夫相聚游戏，悲歌慷慨，起则相随椎剽，休则掘冢作巧奸冶"，班固在《汉书·地理志》中载"（赵地）丈夫相聚游戏，悲歌慷慨，起则椎剽掘冢，作奸巧"，可见，赵国盗墓之风甚为猖獗。但守陵制度秦已有之，早在秦献公和孝公时就在《云梦秦简·法律答问》中记载："何谓甸人，守孝公、献公冢者也。"

赵国是否也采用了守陵的办法来保护赵国的王室墓地呢？

《汉书·高祖记》："（高祖）十二年十二月，诏曰：'秦皇帝、楚隐王（即陈胜）、魏安釐王、齐愍王、赵悼襄王皆绝亡后。其与秦始皇帝守冢二十家，楚、魏、齐各十家，赵及魏公子亡忌各五家，令视其冢，复，亡与它事'"。这是赵王陵保护见于史书的最早记载，可见赵王陵在秦灭赵战争中一定遭到了破坏，直到西汉初期赵王陵才得到官方的保护。另据《史记·秦始皇本纪》记载，秦始皇"以秦昭王四十八年正月出生于邯郸"，此时其父异人正作为人质生活在邯郸，而在秦始皇出生前，秦军在长平之战中坑杀了40万赵卒，赵国人对秦国人充满了巨大的仇恨，秦始皇一出生就处在相当危险的环境中，并在邯郸度过了饱受

赵王陵保护前景展望

苦难和惊吓的童年。《史记·秦始皇本纪》载，秦王政十九年，秦破赵，"秦王之邯郸，诸尝与王生赵时，母家有怨，皆坑之"，古代讲究风水，秦灭赵后自然不会放过对赵王陵风水的破坏，这样赵王陵在秦灭赵战争中遭到破坏就不难理解了。

现在赵王陵附近有陈三陵、姜三陵、张三陵、李三陵、中三陵、薛三陵六个带陵字的自然村庄。村民是否是汉高祖十二年"诏令民五户守其冢"的后代，往事越千年，已经很难确认了，但至少暂时还不能排除这种可能。

西汉以后，历朝历代都有对前代帝王陵的保护，并见于史书记载。《魏书·高祖记》载，北魏孝文帝曾下诏："汉、魏、晋诸帝陵禁方百步，不得樵苏践踏。"《魏书·肃宗记》载孝明帝也诏曰："古帝诸陵多见残藉，可明敕所在诸有帝王坟陵，四面各五十步，勿听耕稼。"不难看出，北魏以前的帝王陵均受到农民耕稼的影响，陵园变没了。《隋书·炀帝纪》载，炀帝下诏书曰："前代帝王，因时创业，君民建国，礼尊南面。而历运推移，年世永久，丘垄残毁，樵牧相趋，茔兆堙芜，封树莫辨。兴言沦灭，有怆于怀。自古已来帝王陵墓，可给随近十户，蠲其杂役，以供守视。"唐代前期基本上沿袭隋制。北宋时期，加大了对帝陵的保护，宋太祖刚上台不久，便下令各郡县置户守陵，并要求"坠毁者修葺之"。

几经朝代变革，赵王陵作为战国七雄之一赵国王室墓葬的诸侯王陵是否得到了保护我们不得而知，有关赵王陵的保护工作也很少在史书中见到。

20世纪70年代的赵王陵四号陵

建国以来赵王陵保护工作

新中国成立以后，随着全国文物保护工作的展开，赵王陵保护工作也逐渐受到了重视。

1955年河北省文物工作队对邯郸县境内1至3号陵及周围墓葬进行了考古调查。同年邯郸县境内的1-3号陵台及周围墓葬被河北省人民政府公布为第一批文物保护单位，时名"寺西窑墓群"。从命名可见，当时还没确定为"赵王陵"。

从何时确定为"赵王陵"呢？1976年河北省文物工作队对1至3号陵进行了复查，并调查了4、5号陵。1978年河北省及邯郸地区文物部门对3号陵台西侧北部陪葬墓进行了考古发掘，在《考古》1982年第6期上发表了考古报告《河北邯郸赵王陵》。赵王陵第一次被正式命名。

1982年河北省政府公布河北省文物保护单位时，将原公布的"寺西窑墓群"更名为"三陵墓群"，同时公布了4、5号陵为"温窑陵台"，但仍存有疑虑，没有确定永年境内的二座陵台为赵王陵。同年，邯郸县人民政府对境内三座陵台设立了保护标志。

1991年，邯郸市文管处和邯郸县文保所、邯郸地区文保所和永年县文保所分别对辖区内1—5号陵划定了保护范围、建设控制地带。

1993年，随着邯郸地、市行政区域合并，为了统一对王陵墓区的管理，将位于邯郸县境内的三座陵台自东向西依次冠名为1、2、3号陵；永年县境内的二座陵台自南向北冠名为4、5号陵，统称为"战国赵王陵"，这是"战国赵王陵"被第一次正式命名，同时申报国家级重点文物保护单位。

1997年赵王陵被盗，国内外影响极大。省委省政府、市委市政府高度重视，为了确保文物安全，省市政府把赵王陵的保护利用作为重点文物保护项目写进了政府工作报告，赵王陵保护开发工作也提上了日程。

2000年3月—12月，省、市文物保护部门组成赵王陵考古队，河北省文物局韩立森等多名同志参加

赵王陵保护前景展望

了此项工作，并完成了1至5号陵测绘，2号陵园全面钻探及局部小规模试掘，并对2号陵进行了考古勘探，基本弄清了2号陵的整体布局。完成了1至5号陵的考古测量，绘制陵台平面图。2001年8月至2002年6月，赵王陵考古队由段宏振、乔登云、雷建宏负责。对赵王陵2号陵进行抢救性发掘。完成了对1-5号陵园飞机航空摄影，对陪葬坑区详细钻探，解剖发掘了陵台东北隅夯土台基和北陵陵丘封土，发掘清理2号陵1号陪葬坑，并对5号陪葬车马坑进行了试掘，清理出4辆彩绘木车，14匹马，修建了塑料临时保护棚。2002年赵王陵考古队发掘了北陵东墓道和台西北隅寝殿建筑基址。在此期间，为了保护好这一重要遗存，赵王陵考古队雷建宏一行赴山东济南洛庄、临淄、河南新郑等处多次学习车马坑保护技术，制定了《赵王陵2号陵园抢救清理工作总体方案》、《赵王陵2号陵5号车马坑保护方案》和《赵王陵2号陵北陵墓道临时保护棚建设方案》三个方案，省文物局召开了赵王陵2号陵考古工作及保护工作三个方案的专家论证会，批准了赵王陵2号陵考古及保护工作三个方案。

《河北邯郸战国赵王陵遗址保护规划》讨论会

2001年6月国务院公布"战国赵王陵"为第五批全国重点文物保护单位。为了保证赵王陵保护工作有序长远进行，决定制作赵王陵保护规划。2002年10月委托河北省建筑设计院制作《河北邯郸战国赵王陵遗址保护规划》。2002年12月市政府委托河北省文物局，在石家庄召开

千古风雨赵王陵

了《河北邯郸战国赵王陵遗址保护规划》论证会，经修改形成了讨论稿，上报国家文物局审批。

赵王陵的保护工作得到了省市领导的关心。时任副省长刘健生同志在省文物局局长张立柱等陪同下视察了工地，亲自主持召开赵王陵考古工作协调会议，以《省长办公会议纪要》183号文，对赵王陵2号陵考古工作进行了部署。邯郸市委市政府也对赵王陵保护工作给予了大力支持，当时时任邯郸市市长宋恩华协调财政分两次向王陵投入了100万元考古和建设资金。2002年8月，时任邯郸市市长张力亲自主持了赵王陵开发保护领导小组会议，张宝岩、陈会新、辛宝山等市领导参加，协调市人事、财政、土地、公安、编委、邯郸县等有关部门参加会议。会议决定成立专门保护机构，建设管理处办公用房，加强保卫力量，确保出土文物万无一失。2002年8月，邯郸市编制委员会以邯编办（2002）23号文下发，批准成立了赵王陵文物管理处。"非典"期间，建设了管理处办公用房。2003年6月，上任不久的邯郸市市长聂辰席、副市长辛宝山带领财政、公安、文化等有关部门到赵王陵2号陵考古工地亲自进行考察，现场办公，听取了有关工作情况汇报，观看了5号车马坑，决定拨款建设车马坑保护棚，以确保文物安全。同年底，在施工条件恶劣的情况下，克服各种困难，完成了5

赵王陵保护前景展望

号车马坑坚固性保护展示棚主体工程建设，初步保证了车马坑珍贵文物免遭风雨损坏，改变了临时塑料保护棚威胁文物安全的现状。

随着考古工作暂告一段落，2004年4月，省文物局召开会议，要求邯郸市接管赵王陵2号陵的保护及管理工作。

新一届市委、市政府主要领导高度关注着赵王陵的保护工作，市委聂辰席书记、市政府王三堂市长等主要领导亲自调研赵王陵的保护工作，针对赵王陵保护工作现状，多次提出了指导性意见。

赵王陵的保护工作始终得到了国家文物局重视。国家文物局局长单霁翔、副局长张柏、董保华及文物保护司司长杨志军、副司长宋新潮等亲临赵王陵考古工地，视察工作，并提出了指导意见。

国家文物局局长单霁翔对赵王陵进行了现场考察。同年国家文物局副局长张柏到邯郸考察赵王陵工作，对车马坑建棚保护并准备展示给予了肯定，并要求河北省和邯郸市要继续做好赵王陵工作。

国家著名文物专家徐光冀、杨志军等到邯郸对赵王陵保护工作亲自视察，并给予指导。

2号陵远景（自东向西）

车马坑保护棚外景（自西向东）

102

千古风雨赵王陵

国家、省领导到邯郸视察赵王陵工作

国家文物局单霁翔局长视察赵王陵车马坑

聂辰席书记、辛宝山副市长考察赵王陵工作

国家文物局张柏副局长观赏赵王陵出土文物

聂辰席书记、辛宝山副市长到赵王陵指导工作

王三堂市长调研赵王陵保护工作

赵王陵保护前景展望

国家、省市领导和有关专家研讨赵王陵保护开发工作合影

第二届全国赵文化研讨会代表参观赵王陵

赵王陵保护前景

战国时期的赵国，鼎盛一时，被称为"万乘之国"，在我国的历史上影响深远，至今人们还习惯称河北为燕赵大地。赵文化是中华民族优秀历史文化的一个重要组成部分，是一笔丰厚的文化财富。赵王陵是赵文化的重要根基之一。赵王陵墓主人在位时间累计达158年，涵盖了赵国迁都邯郸后的绝大部分年代，其负载的历史信息是极其丰富的，从目前对2号陵的勘察及2、3号陵的少量发掘也证实了这一点。因此赵王陵对研究赵国的政治、经济、军事、文化、社会发展具有十分重要的价值。史书上还有赵肃侯去世后，秦、楚、燕、齐、魏出锐师各万人来会葬的记载，可见当时各国之间丧葬文化交流甚密。历史上，赵国对周边其他诸侯国的历史也产生过重大影响，对赵王陵的研究能带动相关诸侯国的研究及其历史事件、历史人物的研究，历史价值十分重大。

赵王陵规模宏大，气势壮观，是目前国内已知单体规模最大的战国王墓。彰显君王之尊贵，君国之富强。据《吕氏春秋》记载："邯郸以寿陵困于万民"，可见工程之巨。其地形选择，依山就势，具有强烈的防水患灾害意识。据2号陵勘察资料显示，陵台上有建筑基址，陪葬坑排列有序，等级井然，表现出了较强的规划意识，是研究战国时期赵国的等级制度、墓葬规制等重要实物资料。

赵王陵五座王陵都有高大的陵台，但形制各不相同；都有大型陪葬墓，但位置布局各不相同，这种既有统一性，又有多样性的特点，反映了赵王陵所具有的丰富内涵，具有极高的考古研究价值，由于至今除2号陵外，其他陵均未进行系统的考古勘探，更未进行科学的考古发掘，因此具有极大的科学考古价值。赵王陵2号陵北封土墓内被盗出土的玉片和造型精美、神态各异、栩栩如生的三匹青铜马是全国同期墓葬中的首次发现，为研究战国手工业生产、铸造工艺水平提供了珍贵的资料。专家推测被盗文物只是随葬的一小部分，并且在其它几座王墓中也应该有更多的殉葬器物。它将为研究这一历史时期，提供丰富的史料和实物。

赵王陵历史悠久，陵墓集中，邯郸、永年两个陵区之间相距仅3.5公里，各个陵台的间距在500—1500米以内。赵王陵五座王陵，巧妙地利用了地形，虽历经岁月沧桑，但周边地形地貌变化不大，陵台、神道轮廓清晰。陵台台地边缘有碎石遗存，部分台地有瓦片遗存，封土也被野生灌木草丛覆盖，王陵整体形象突出，原始风貌犹存，基本保持了原始状态。陵区视野开阔，立于陵台之上，全貌可尽收眼底，极易形成宏伟的气势和视觉冲击。具有很大的观赏价值和良好的发展前景。在保护规划的指导下，通过科学的考古勘探、发掘、管理、开发、展示，完全有条件逐步开辟为一处具有很高文化品位的文物风景旅游景区，具有相当的社会效益和经济效益。

赵王陵和赵王城是邯郸市历史文化名城的重要标志，二者构成了一组规模宏大，保存较为完整的大型战国文化载体，保存着极为丰富的历史文化信息。加强对赵王陵的保护、管理、科学考古勘探，发掘陪葬墓，进一步摸清墓主人身份，抢救清理被盗的主墓室并展示其丰富的文化内涵，对宣传邯郸历史，提高邯郸知名度定会起到积极的促进作用。

通过赵王陵的适度展示，充分发挥其社会效益。通过景区绿化，为人们创造一个具有休闲、娱乐、学习的文化景区，打造邯郸赵王陵成为著名旅游景点，带动文化产业乃至经济的发展。

就车马坑而言，赵王陵车马坑发掘出土的同时，洛阳东周、安阳殷墟、山东齐国等车马坑在发掘后不久，都建成了对外开放的文物旅游景区，成为当地著名的城市名片。

赵王陵车马坑发掘出土的同时，河南洛阳在进行城市建设时也发掘出土了一个东周车马坑，市政府投资800万元在地下原址建设了"天子驾六博物馆"，地面建成了绿地休闲广场，现在已成为一个集休闲游、

千古风雨赵王陵

生态游、文化游于一体的旅游景区，各地参观者络绎不绝，创造了良好的社会效益。

安阳殷墟发掘出土了大型车马坑遗迹，并建设了展馆进行了展示。近期安钢扩建中出土了一座葬有5辆商代马车和10具马匹的车马坑，安阳市对已发掘出土的车马坑进行整体搬迁至殷墟内集中展示，拟建成全国最大的殷商车马坑展示馆，以配合安阳殷墟申报世界文化遗产工作。

山东省在1990年修建济青高速公路时，发掘出土了春秋时期的齐国车马坑，借助济青高速公路的便利交通及人们对休闲、旅游、学习的需要，原址就地保护，在高速公路路面之下原址建成了中国古车博物馆。经过环境整治，绿化、硬化、美化，目前已经建成国家AAA级旅游景区。

现在这几处车马坑博物馆年收入都达160多万元，并且每个博物馆都安置了数十人就业。

与全国目前已知的这几处知名的车马坑比较，赵王陵2号陵车马坑有自己独特的优势：

第一，形制特殊。与这几处车马坑形制迥异，是研究车马坑及赵国历史及赵文化的重要资料。

第二，环境独特。不仅有车马坑可看，而且有山陵，有陵台，有封土，有主墓，经过绿化美化后，更为旅游者提供探幽访古的独特环境。

第三，交通便利。京广铁路、京深高速、309国道和正在建设中的青红高速等为邯郸市提供了便利的交通条件。赵王陵距市区仅10公里，正在建设的青红高速公路从陵区南侧2公里处穿过，预留出口更会为游览赵王陵提供极为便利的交通条件。

就目前而言，通过对陵区进行硬化、绿化、美化，集中陈列展示赵王陵出土文物，2号陵就能建设成为一个以车马坑为看点，集生态、文化、休闲于一体的旅游景点，形成以赵王陵为龙头，打造一条"龙（石龙）—陵（赵王陵）—苑（赵苑）—梦（黄粱梦）"等精品旅游线路。通过恢复

赵王陵保护前景展望

陵区原貌，使五个陵区连成一体，逐步建设成为全国著名的景区，成为邯郸一道亮丽的风景。

借鉴秦始皇陵开发经验，秦始皇陵旅游开发也是从陪葬兵马俑坑开放开始，目前仅3个陪葬坑的开放就已形成规模，并已发展成世界知名旅游景区。赵王陵已经发掘出土相当珍贵的车马坑和数百件奇美珍贵文物，并且陵区集中，气势壮观，又已有很好的基础，如果对陵区进行硬化、绿化、美化，科学规划开发赵王陵就可以建成一个效益可观的文物旅游景区。

赵王陵展馆外景

国际友人参观赵王陵

秦始皇兵马俑坑发掘现场

秦始皇兵马俑二号坑展馆

108

千古风雨赵王陵

安阳殷墟车马坑博物馆

山东临淄车马坑博物馆

赵王陵保护前景展望

邯郸赵王陵2号陵

洛阳天子驾六博物馆

08 附 录
ZHAO WANG LING

千古风雨赵王陵

赵王陵墓大盗案

一伙视金钱为上帝的亡命之徒，将自己祖先的无价之宝偷掘、出售，同时出售了自己的灵魂；某西方通讯社宣称，大陆警方束手无策；邯郸刑警集精兵、聚强将，力挽狂澜，终使案件得破、主犯落网、部分宝物回归，向世界展示了中国警方的真正实力。

——引子

邯郸，作为战国时期七雄之一的赵国古都，在中华民族五千年的文明发展史上占有不可替代的重要地位，邯郸、永年、磁县、临漳、成安、武安、涉县等地有古墓近2000座，在这片土地上，从战国时期至汉代，仍然保留着我们先人所留下的许多不可再生的文化遗产。公元前386年，赵敬侯从晋阳（今太原南部）迁都邯郸，至公元前228年赵国灭，其间历经八代赵国王。其中，赵敬侯、赵成侯、赵肃侯、赵武灵王、赵惠文王、赵孝成王、赵悼襄王这七个国王均埋葬在邯郸境内（赵幽缪王，后被秦国所灭，流放湖北），作为战国时期有名的国王赵惠文王、赵孝成王和赵悼襄王，在邯郸境内有着许多的陵台古冢，"七十二陵八十二台，不知赵王哪里埋"。在永年与邯郸县交界部的西部丘陵地带，就有三大陵墓，而在邯郸县境内则有四大陵墓，分布在黄粱梦西北部三陵乡一带。据大清统一志记载："汉高祖九年，高祖怜悼襄王无后，令民五家守其冢。"邯郸县志则记载："战国惠文王、孝成王、悼襄王葬于此（即邯郸县三陵乡）。"

西方某通讯社报道

"中国邯郸古赵王陵墓被盗，大陆警方束手无策。"

1997年10月18日晚21点时分，中国河北邯郸县陈三陵乡一村民到野外去用土夹子猎捕野兔子，他突然发现村西北的陵台古冢上人影憧憧，他扔下土夹子，慌不择路地跑回村里到支书家去报告，村支书迅速拨通了县公安局110巡警队的电话，不到40分钟，巡警队员们就驾警车从十几公里外赶到墓地附近。墓地上的人通过现代化的红外线夜视仪早已发现了沿崎岖丘陵小道急驰过来的警车，墓顶上的人也顾不上拉墓下的同伴一把，落荒而逃，而一如几只地鼠般蜷伏在近20米深的墓洞里挖掘的刘晓民、熊素灵和孙金玉则束手就擒。

经连夜突审，刘晓民、孙金玉（二人是山西人）和熊素灵（河南人）这三人一口咬定盗古墓只此一次，另外交代出墓顶上望风而逃的河南人刘坤玉和孙金龙、王冬保（二位是山西人）等

8人为一盗墓团伙。

交代得知，他们从河南带来一辆桑塔那轿车，并从邯郸购买了铁锨、绳索等作案工具。山西的孙金龙带他们登上墓顶，用炸药炸开洞口直接钻进墓中，当几人正往洞内输送氧气时，被巡警队员们抓获。

有组织地盗掘古墓，案情十分重大！邯郸市公安局刑警支队迅即成立了"10·18"赵王陵墓被盗案侦破领导小组。由市公安局副局长兼刑警支队长陈庆恩挂帅领队，刑警副支队长王军、邯郸县公安局副局长王玉玺任副组长，市县刑警组织精兵强将投入此案的侦破工作。他们分析：据现场被盗掘的情况看，这伙人绝非初次盗掘古墓文物，其背后可能隐藏着更深更大的专业犯罪团伙。于是，刑警兵分两路分头出击抓紧追踪捕捉其他逃往外地的盗墓者。第一路，由邯郸县刑警队副队长郭杰带队奔赴河南太康抓捕逃脱的刘坤玉、熊五尚（均为河南太康人）、王连喜（河南扶沟县固城镇人，个体出租司机）。第二路人马则由市局刑警副支队长王军和三大队副大队长王宏晋带队，直奔山西侯马抓捕王冬保、孙金龙、卫宝生（男，31岁，山西省侯马市上马乡驿桥村农民）。然而，事与愿违，十多天下来，两路追捕小分队均在抓捕地吃了"闭门羹"，犯罪嫌疑人闻风逃窜，无一人在家，案件跌入低谷。这时，一向自恃消息灵通的某西方国家通讯社不甘寂寞，幸灾乐祸地发布了一条令邯郸警方发怒的消息："中国邯郸古赵王陵墓被盗，大陆警方束手无策。"

山东苍山抓杨巍

专案组在初次碰壁之后，重新调整侦破方案，决定充分依靠当地公安机关，设法打入盗卖文物犯罪团伙的营垒内部，寻找最佳突破口，进而各个击破，以瓦解和摧毁整个犯罪团伙。在山西侯马公安机关的大力协助下，功夫不负苦心人，侦察员很快便获取了三条极有价值的案件线索：1.邯郸赵王陵墓曾于1997年3—4月间连续被盗两次；2.可能已盗走部分青铜器、腰牌和金缕玉衣散片；3.此盗案由大文物贩子杨巍（系北京无业游民）一手策划。

"抓杨巍！"

刻不容缓，专案组刑警迅速制定了抓捕杨巍的行动方案。无巧不成书，天刚放亮，杨便鬼使神差地用暗号频频呼叫起L（一自首的团伙成员），让L"一块到江苏邳州市挖墓"。

抓住杨巍，就等于紧紧揪住了这个盗墓团伙的蛇头。王宏晋、徐向东、马迎军他们不敢有丝毫的迟疑，他们飞速由山西侯马直扑江苏邳州。11月19日，专案组成员急如星火赶到江苏邳州火车站，并不认识L的杨巍和L的接头信物是火车站广场前方停放一辆绿色北京212吉普车，车牌照为京C—19353。尽管杨在电话中一再信誓旦旦地向L保证"见车就见人"，但他们在火车站一直等到晚上大半夜也人车未见。心急如火的L这时又得到杨的信息，原来狡诈诡谲的杨巍此刻早已窜到了山东的苍山县，言称正在盗掘曾国墓，让L前去实施爆破炸洞。

11月20日上午10时30分，专案组成员

千古风雨赵王陵

和L又辗转赶赴山东苍山县，住在该县一个招待所。中午12时30分，像幽灵一样的杨巍终于露面，他首先从登记簿上查到L的名字，然后通知L速同去盗墓。L借故让杨巍在楼道稍等片刻，然后电话通知住在对面房间的侦察员抓获杨巍，侦察员们冲出门外一拥而上，将他挤在楼道里抓获。

看来杨城府很深，他满口京腔，却驴唇不对马嘴地硬说自己是河南人，叫什么"汪兆新"。几番会审，杨巍拒不交待，审讯陷于僵局。这时，专案组甩开杨巍，进一步了解到了王春保（男，34岁，山西侯马人）。1997年2月，他因盗掘楚元王刘皎（刘邦同父异母之弟）的墓地而被江苏徐州市铜山县公安局抓获。王宏晋和刑警马迎军又回师江苏徐州，在当地警方的帮助下，他们提审了这个由副省长亲自挂帅指挥侦破的大盗案的主要成员王春保。因为我们的侦察员此前已得知，这个身高1.82米的山西大汉，在赵王陵墓被盗案中也不是盏"省油的灯"，他王春保负责在墓地上指挥，也是赵王陵被盗案的主要成员。

一见面王宏晋副队长开门见山："王春保，我们是邯郸市公安局刑警队的，知道来这儿找你是啥事不？"

王春保紧盯着王副队长的脸足有一分钟一声未吭，突如其来的提问使他来不及思考便怔住了，下意识地回答："知道，我在邯郸挖过墓。"

赵王陵墓遭劫难

1997年2月孙金龙、刘晓民这几个"盗墓专业户"在预谋第二次盗掘江苏徐州境内的楚元王之墓时，因团伙发生内讧，山东人、徐州人和杨巍他们这一伙人意见相左发生纷争，杨看自己在徐州实在插不进手去，便主动提议北上邯郸盗赵王陵。说干就干，他们分头出发，3月份到邯郸后，杨又调来了5个河南洛阳人，领头人自称叫"万森"。他们带着炸药等作案工具，昼伏夜出盗挖掘了5天，炸开了风筒进入墓室后，"万森"发现有散碎的骷髅，手一捏即成灰粉末了，他们分析，元末明初盗墓风盛行，此墓可能曾被盗扰过，价值不大，于是便洗手不干撤回河南了。

杨巍和王春保则认为已投入3万多元未见文物，不肯罢手，于是又从河南和山西找来8人，加上他们4人，加紧挖掘进度，他们从保定涞源调来一辆吉普车，白天睡足觉，晚9点钟用车将人和工具拉至陈三陵村口，步行2公里上墓地干活，并具体分工，有人用红外线夜视仪在墓顶上站岗放哨，观察周围动静。

从3月18日到4月7日，可以说这20来天他们干得很费力。他们从只能容纳一个人上下的风筒进墓，一铲一铲地清除墓道区的淤土和杂物。历经两千多年的风雨沧桑和地震、洪水等自然灾害的侵蚀，使得墓区内的结构发生了根本性的变化。尽管如此，他们几个笃信"要想富，盗古墓，一夜闹个万元户"，在金钱的利诱下，像地鼠一样每晚挖墓不止。挖呀挖，突然"叮当"一声，几个人眼里顿时便闪出了绿光，他们终于挖出了三匹青铜马，一个兽面铺首，另还有两三件已搞破碎的青铜器，一副纯金腰饰牌，还有209枚金缕玉衣的散片。这时，在墓下的孙金龙对刘晓民讲："出玉片了，咱们把这玉片和纯金腰牌偷埋

115

了，光把青铜器交给杨巍。"杨巍在墓上看到盗挖上来的青铜马，不觉心中暗自窃喜，但却装作不屑一顾地说："什么青铜器，不值钱！"然后甩给他们几个"盗墓工"2000元钱作路费，便打发他们回河南和山西老家了。

孙金龙、耿双河（河南封丘县农民）、刘晓民在佯装回山西的当晚便又返回邯郸赵王陵墓地，从墓中将藏匿的金缕玉衣片和纯金腰牌盗走返回山西侯马，将文物存放在孙金龙之弟孙金海的家里，而后，他们通过河南的刘坤玉（在逃）辗转找到安徽安庆市一文物贩子袁伟祥（在逃）到山西侯马看文物，袁谎称玉片不值钱，留下一万元定金先拿走玉片称卖后再补钱，王冬保又去找袁让其帮忙卖掉纯金腰牌，据王冬保（在逃）跟孙金海他们讲，那幅纯金腰牌，袁伟祥先给了他10万元定金，他依次分给孙金龙、孙金海和王春保各3万元，他只留了1万元。据分析，此几件文物极有可能已经流失到境外或国外。（注：袁在安庆以开玉雕厂作掩护大肆倒卖文物，其叔父是香港某财团主要人物且有黑社会背景，江苏铜山楚元王墓被盗案发后潜逃。）

"老板"出台，赵王陵再遭劫难

李强（男，1954年生，河北省磁县人，现住河南省登封县城关镇。）自1984年始就因多次组织盗挖古墓、走私文物被西安市、洛阳市、河南杞县公安局处理，罚款达100多万元，被没收奥迪100和北京213汽车两部。有关材料证实，赵王陵2号墓在杨巍的组织下被盗就是由李强出资并提供的车辆和炸药。李持有加拿大护照，其妻及两子女均在加拿大多伦多定居。李出国潜逃前一直隐藏在河北省涞源县以开铅锌矿为掩护走私文物，是真正的后台老板。

且说刘坤玉和袁伟祥在收购了玉片和纯金腰牌后，这两名精明透顶的文物贩子，仅从这几件稀世珍宝就断定，赵王陵2号墓起码还有上千件珍贵文物，遂于1997年10月16日组织王冬保、孙金龙、刘晓民、孙金玉（男，34岁，山西侯马人）、卫宝生（男，31岁，山西侯马人）以及河南的熊素灵、熊五尚、王连喜等人，10月18日夜再度登上墓顶，掘墓盗宝，使得赵王陵墓又遭劫难，直至打猎群众举报使得几名主要成员落网。

再说杨巍一见赵王墓出土了如此罕见的文物，如获至宝，他迫不及待地给他的后台老板李强打电话宣称："邯郸这墓出东西了，请您赶快过来！"李强闻讯后，直赴邯郸市。在邯郸宾馆，杨巍将三件战国青铜马和一件兽面铺首面交李强带回了保定。随后，这几件后经国家文物鉴定委员会鉴定的国家一级文物几经辗转，经香港流失国外。

敲山震"虎"抓李强

邯郸市公安局副局长陈庆恩和专案组刑警，一直顺藤摸瓜跟踪追击着几个文物贩子的去向。当得知到李强已潜逃到加拿大"躲风"时，专案组决定敲山震"虎"，逼其回国追讨文物。他们声称，倘若李不回国协助追讨文物，将通过国际刑警组织实施跨国追捕。为表示邯郸警方的决心

千古风雨赵王陵

和铁腕，他们将依法刑事拘捕李强的拘捕证复印件传去，使得李强如坐针毡，迫不得已于3月份偷偷潜回国内。在北京，神通广大的李强先后通过不少关系网找邯郸市警方"投石问路"，甚至不惜花巨款欲打通"环节"，保文物贩子"过关"。但他们费尽心机所得到答复是：依法归案、追回所盗卖的文物，办案不能谈判，也无讨价还价的余地。于此同时，邯郸市警方已将数千份抓捕李强的协查通报发往文物被盗严重的几个"重灾区"。

4月17日，"活动经费"已快折腾光了的李强决定再倒卖一次文物以解燃眉之急。他在郑州花2.3万元买了一件"宋代磁枕"，欲带往青岛卖个好价钱。接到邯郸警方协查通报的青岛铁路公安处，开车"迎候"在郑州至青岛的铁路线上，在中途车站的一个卧铺车箱里将李强抓获。李强交代，4月中旬在北京燕京饭店，那三匹造型逼真的战国青铜马以18万元卖给了一香港文物商。

4月30日，这个专为盗窃国家文物提供资金、提供车辆和作案工具、倒卖文物出境出国的犯罪嫌疑人李强，被警方押回案发地——邯郸。

跨国追讨青铜马

邯郸警方通过各种侦察手段和多种渠道，紧锣密鼓地踏上了追讨出境出国文物的征程。5月3日，北京方面传来消息，第一批文物已从英国运回香港，近期将由专人护送到北京。

5月4日，王宏晋、马迎军等人紧急赴京。

5月6日，凌晨3时许，一直停在宾馆一公里外观察动静的一辆北京牌照的红色宝马车载着三匹价值连城的青铜宝马，静静地停靠在宾馆的门口。经邯郸警方及在场的专家验证，此物正是赵王陵二号墓被窃文物。

5月8日，陈庆恩副局长派探长徐向东等人亲自驾车赴京接运文物。当河北省公安厅副厅长刘金国、邯郸市公安局局长张月明见到失而复得的这批战国青铜文物时，激动之情溢于言表，张月明连连表示，要为参战的刑警记功庆贺！

国家文物鉴定委员会副主任史树青、秘书长刘冬瑞等著名文物专家，对这几匹栩栩如生的战国青铜马的鉴定结论是，一匹为低头作打鼻状的马；一匹为后坐式低头马，还一匹为作奔驰状的抬头奔腾马。用线条纹表示马鬃，用生殖器形状表示雄性。其造型独特，具有明显的地域特点和风格，对研究先秦时期的历史和文化具有特殊意义。

河北省文物鉴定委员会一批老专家穆青等人则将"10·18"大案中出土的金缕玉衣玉片视为从未见过的孤品。他们讲，据《水经注》记载，金缕玉衣远在战国时期的墓葬中就应出现，但在我国的考古中只有汉代的墓葬中出现过实物。如果能将被盗的金缕玉衣片追回，将把我国的考古历史往前推500多年，弥补考古界的一项学术空白，大大提高邯郸历史的知名度。另外，被盗文物中带有文字的纯金带钩、四个铜马中其中一匹奔腾状的奔马，都是价值连城不可多得的珍贵文物，它对确认墓主人乃赵国第几代君王的身份，对弥补古赵文化没有实物的缺憾，都有着不可低估的历史价值。

两万里路云和月

从1997年10月18日案发到1998年5月8日追回首批出境出国文物，邯郸刑警南征北战、东追西堵行程达万余公里。他们喝凉水、啃方便面早已视为家常便饭。为和这些自称为国家级的文物贩子斗智斗勇，刑警自费购买数百元的文物资料苦苦钻研。当文物贩子刘晓民拒绝刑警提问、傲气地说："你们不懂，不跟你们说"时，刑警马迎军则针锋相对道："我考考你的青铜器知识吧！"一下子就压住了他的嚣张气焰，探长徐向东家中老人去世，因在外地上案未能及时为亲人送终，以致于留下了终生遗憾。副队长韩世锋负责运送犯罪嫌疑人，刑警每抓住一嫌疑人，他便开车翻山越岭往邯郸运送一个。在山东苍忍着腹疼，山也没休息一天，人称铁打的"运输大队长"。由于经费紧缺，每个参战刑警迫不得已东凑西借垫支办案，迄今为止还有20多万元办案经费没有着落。但他们仍然无怨无悔地奔驰在破案第一线。

6月4日河北电视台新闻联播、中央电视台晚间新闻和中国新闻，6月5日的中央电视台早间新闻，中央人民广播电台新闻联播等新闻媒体，相继报道了邯郸警方破获赵王陵墓被盗大案的消息。各路闻讯而来的新闻记者也陆续聚集古城邯郸实施专案采访报道，他们要向世界展示中国警方的综合素质和破获大案的实力，绝非如境外新闻媒体所言，束手无策。

正在深入查破此案的邯郸警方则表示，有决心有信心全力攻破此案、抓获潜逃的其余团伙成员，追回失窃的其他国家文物，为邯郸父老乡亲，为河北人民、为中国警方争光！

（周现科　张延昭　刘书新）

黄帝以后第一伟人赵武灵王传

痛哉！耻哉！中国民族之外竞史也！自商、周以来四千余年，北方贱种世世为中国患，而我与彼遇，劣败者九而优胜者不及一。其稍足为历史之光者，一曰赵武灵，二曰秦始，三曰汉武，四曰宋武（刘裕），如斯而已！如斯而已！而四役之中其最足为吾侪子孙矜式者，惟赵武灵。

黄帝以后，我族孳乳浸多，分布于中原，而其势不相统合。虽夏后、殷、周之盛，其元后与群后，皆南面分土而治，有不纯臣之义，所谓大一统者，不过一虚名已耳。及春秋以降，五霸迭兴，兼并盛行。降及战国，继以七雄，凡历四五百年，逮嬴秦兴而中国始统于一。五霸、七雄者，实我古代史之帝国主义过渡时代也。而其势愈搏愈剧，如重学公例。所谓物坠空中，愈距地近而其速率愈增。七雄时代者，实短兵相接，决胜负于一发之时机也。群学公例，惟内力充实，乃能宣泄于外；亦惟外竞剧烈而内力乃以益充，故我民族活泼进取之气象，惟七雄时代为最盛，皆此之由。

北国之先，其所自出，不可深考，史家或以为亦神祖黄帝之支裔。虽然，既窜于异域，与母国殊其语言，殊其风俗，殊其宗教，则已不得谓之为同一民族。自周以来，所谓山戎、猃狁者，已世为中国患，骊山之变为历史上第一次之国耻。此后虽齐、晋继霸，并力外攘，而声威所讫，綦微末矣。卒乃白狄、赤狄盘踞中原，为患心腹，终春秋之世，吾族苦之。然彼族发达甚缓，且散漫不相统纪犹甚于我，以故主客之势，犹不相敌。降至战国，而控弦之种，渐加强盛。所谓匈奴一种属者，始崛起于北方。《史记》所谓冠带之国七，而三国边于匈奴，即秦、赵、燕是也，故三国皆筑长城以为防。至是而匈奴与中国殆有不两立之势。

自晋悼公和诸戎后，戎翟皆朝于晋，不相侵犯，故中国不病，而狄亦得安堵以自强？至周安王时，晋卿赵襄子帅师逾句注，兼戎取代，以攘诸胡，此亦逼不得不尔也。而赵与胡之交涉，自兹益繁。三卿分晋，赵有代、句注以北，而魏有西河、上郡，皆与狄界边。其后秦灭义渠，魏西河、上郡入于秦。自此三晋之中，惟赵边胡，而其所当之冲，视秦、燕为更剧。赵不创胡，胡必弱赵。赵之忧患在是，赵之所以盛强亦在是。

《战国策》武灵王平昼闲居，肥义侍坐，曰："王虑世者之变，权甲兵之用，念简、襄之迹，计胡、狄之利乎？"王曰："嗣立不忘先德，君之道也；错质务明主之长，臣之论也(中略)。今吾欲继襄主之业，启胡、翟之乡，而卒世不见也。敌弱者，用力少而功多，可以无尽百姓之劳，而享往古之勋。夫有高世之功者，必负遗俗之累；有独智之虑者，必被庶人之怨。今吾将胡服骑射以教百姓，而世必议寡人矣。"肥义曰："臣闻之，疑事无功，疑行无名。今王即定负遗俗之累，殆毋顾天下之议矣。夫论至德者，不和于俗；成大功者，不谋于众。愚者暗于成事，智者见于未萌，王其遂行之。"王曰："寡人非疑胡服也，吾恐天下笑之。狂夫之乐，智者哀焉；愚者所笑，贤者戚焉。世有顺我者，则胡服之功，未可知也。虽驱世以笑我，胡地中山，吾必有之。"王遂胡服。欲使外有竞力，非举国为军国民不可。七雄中实行军国主义者，唯秦与赵。赵之有武灵、肥义，犹如秦之有孝公、商鞅也，而秦之主动力在臣，赵之主动力在君。商君者，秦之俾斯麦，而武灵王者，赵之大彼得也。王之变胡服也，凡以为习骑射之地也；以骑射教百姓，所谓举国民皆兵之也。

（《战国策》）王使王孙告公子成曰："寡人胡服，且将以朝，亦欲叔之服也。家听于亲，国听于君，古今之公行也。子不反亲，臣不逆主，先王之通谊也。今寡人作教易服，而叔不服，吾恐天下议之也。夫制国有常，而利民为本；从政有经，而令行为上，故明德在于论贱，行政在于信贵。今胡服之意，非以养欲而乐志也。事有所出，功有所止，事成功立，然后德且见也。且寡人闻之，事利国者行无邪，因贵戚者名不累。故寡人愿募公叔之义，以成胡服之功。使谒之，叔请服焉。"公子成再拜："臣固闻王之胡服也，不佞寝疾，不能趋走，是以不先进。王今命之，臣固敢竭其愚忠。臣闻之：中国者，聪明睿知之所居也（中略），远方之所观赴也，蛮夷之所义行也。今王释此而袭远方之服，变古之教，易古之道，逆人之心，畔学者，离中国，臣愿大王图之。"使者报王，王曰："吾固闻叔之病也。"即之公叔成家自请之曰："夫服者，所以便用也；礼者，所以便事也。是以圣人观其乡而顺宜，因其事而制礼，所以利其民而厚其国也。（中略）是故圣人苟可以利民，不一其用；果可以便事，不同其礼。儒者一师而礼异，中国同俗而教离，又况山谷之便乎？（中略）穷乡多异，曲学多辩，不知而不疑，异于己而不非者，公于求善也。今卿之所言者俗也，吾之所言者所以制俗也。今吾国东有河、薄洛之水，与齐、中山同之，而无舟楫之用；自常山以至代、上党，东有燕、东胡之境，西有楼烦、秦、韩之边，而无骑射之备。故寡人且聚舟楫之用，求水居之民，以守河、薄洛之水；变服骑射，以备燕、东胡、楼烦、秦、韩之边。且昔者简主不塞晋阳以及上党，而襄主兼戎取代以攘诸胡，此愚智之所明也。先时中山负齐之强，侵掠吾地，系累吾民，引水围鄗，非社稷之神灵，即鄗几不守。先王忿之，其怨未能报也。今骑射之服，近可以备上党之形，远可以报中山之怨，而叔也顺中国之俗，以逆简、襄之意，恶变服之名，而忘国事之耻，非寡人所望于子！"公子成再拜稽首曰："臣愚不达于王之议，敢道世俗之闻。今欲继简、襄之意，以顺先王之志，臣敢不听令。"再拜。乃赐胡服。凡改革之业最难，其利在后，愚者弗见，知者即或见之，而疑虑其成，若夫目前之不便，则万众所共睹也。故非智勇两备者，其不挫踬于中途希矣。武灵王之大计划，非徒在陆军也，而犹在水师。一面广舟楫之利，一面采骑射之长，此其政策之全体也。彼所以语公子成者，于国势敌情，洞见无余蕴矣。而水居之民，可以用因；骑射之民，势必用创，因尚易而创斯难，其必汲汲易胡服也。固以谋骑射之便利，抑亦借此以壹举国之观听而定民志也。日本变法时之易服，亦犹此意而已，故以骑射为其目的，而以胡服为其手段。彼其目的已非庸众所得喻，况于手段？其骇必更倍蓰矣。王固知而必

120

厉行之,此所谓智勇俱备者也。商鞅为舆论所反对,而以威力屈之;武灵为舆论所反对,而以理势服之。虽其所处地位各不同,而武灵之手段,固高鞅一筹矣。法行自贵近始,此两君所同认也,乃鞅则罚太子而刑师傅,武灵则先施于公叔而礼下之,公叔变而举国皆变,其政略岂不亦远耶?史复载赵文、赵造、周袑、赵燕与王争辩胡服,其论甚详。周袑之言曰:"举国未通于王之胡服。"观此亦可见当时全国舆论哗嚣之一斑也。文繁不复具引。当时反对论非徒在胡服也,而并在骑射。试以史文证之。《战国策》王破原阳,以为骑邑,牛赞谏曰:"国有固籍,兵有常经,变籍则乱,失经则弱。今王破原阳以为骑邑,是变籍而弃经也。且习其兵者,轻其敌;便其用者,易其难。今民便其用而王变之,是损君而弱国也。故利不百者不变俗,功不什者不易器。今王破卒散兵以奉骑射,臣恐攻获之利,不如其所失之费也。"王曰:"古今异利,远近易用,故贤人观时而不观于时,制兵而不制于兵。子知官府之藉,不知器械之利;知甲兵之用,不知阴阳之宜。故兵不当于用,何兵之不可易?教不便于事,何俗之不可变?今重甲循兵,不可以逾险;仁义道德,不可以来朝。吾闻信不弃功,智不遗时,今子以官府之籍,乱寡人之事,非子所知。"牛赞再拜稽首曰:"臣敢不听令乎?"遂胡服率骑入胡,出于遗遗之门。逾九限之固,绝五陉之险,至胡中辟地千里。王以其远大之政策,英鸷之材略,冒万险、犯万难,以实行军国民主义,卒能使贵族服其教,黎元化其俗。十年之间,四征八讨,使赵为当时一等国,扬我民俗声威于域外。前乎此者,为山甫、方叔之所不能及;后乎此者,为蒙恬、卫青之所不能几。本族历史名誉之纪念,以此为最。

(梁启超)

此文发表于1903年11月2日《新民》,是目前为止所发现的最早的关于赵文化研究的论文。

后　　记

　　《千古风雨赵王陵》经过一年时间的酝酿准备，终于定稿出版了。

　　本书旨在"一书在手，了解赵王陵"。围绕赵王陵相关人物、保护现状、珍贵文物和赵王陵与秦始皇陵比较等展开阐述，意在能使读者和来赵王陵的参观者从中获得知识，以便更深入了解中国的陵寝文化。

　　近年来，来过邯郸的人无不惊叹其宽敞的迎宾道、绿色的花草坪、鳞次栉比的高楼大厦，快速发展的经济成果等，为之由衷发出赞誉。同时也深深慨叹其文化精髓——赵文化是一座巨大的文化宝库。一座学步桥令游人产生美好遐想，一条回车巷被传为千古美谈。然而来的人多了，便自然问我们，邯郸的战国文化在哪里呢？生于斯长于斯的我们，也深深感到惭愧。可说的多，可看的少……

　　当赵王陵保护的接力棒传递到我们手上时，我们既慨叹资料记载得太少太少，又被其原生的自然风貌和弘大的气势所震撼。我们深深知道，赵王陵一定是最能代表赵文化的珍贵文物遗存，是邯郸历史长河中最为厚重的文化积淀。

　　万事开头难。赶上"非典"，队伍初建，各种意外不尽而来，保护任务繁重。每每念及此处，常常寝食难安，夜不能寐，唯恐有一丝闪失，辜负组织和领导的信任。

　　王陵文化尤其战国时代的陵寝文化，对于我们几个晚辈来说，犹如一部厚厚的天书。邯郸几十年来出土的与王陵相关的重器少，有铭文的少，重大考古成果鲜见。要解读赵王陵，一定要靠最新的资料来支持。由于连续多次被盗，2000年省市联合组成赵王陵考古队，进入2号陵展开抢救性清理。我们十分感谢他们为赵王陵所做的考古发掘工作。同时，我们也在"不知、渴求、学习、求索"的过程中，不断地搜集资料，求教方家，终于将此书奉献给读者。尽管瑕疵处处，不足显见，但仍然难以掩盖我们赤诚报效赵文化的肝胆寸心。

　　在此书的编写过程中，国家文物局办公室副主任吴东风、邯郸市文化局局长白钢拨冗为序，给了我们很大地鼓舞。文物出版社较早地了解了本书的写作计划，并给予了帮助。著名艺术批评家栗宪庭先生为本书题写书名，尤使本书增色。

　　在搜集资料中，我们参考了安阳市文物局及殷墟博物馆、临淄中国古车博物馆、洛阳天子驾六博物馆、秦始皇兵马俑博物馆等有关资料，在此深表谢意。

　　值此出版之际，向所有帮助过我们的人士，再次致以诚挚的谢意。

作　者
2006年1月于北京

封面题字：栗宪庭
责任编辑：贾东营

图书在版编目（CIP）数据

千古风雨赵王陵／王兴，李六存，赵建朝著. — 北京：
文物出版社，2006.1
ISBN 7-5010-1852-9

Ⅰ.千... Ⅱ.①王...②李...③赵... Ⅲ.陵墓—研究—赵国（？~222） Ⅳ.K878.8

中国版本图书馆CIP数据核字（2005）第155778号

创　　意：王　兴
策　　划：李六存
封面设计：雷青清
版式设计：鑫　达
图文制作：赵建朝

千古风雨赵王陵

王　兴　李六存　赵建朝　编著

文物出版社出版发行
（北京五四大街29号）
http://www.wenwu.com
E-mail: web@wenwu.com
北京卡乐富印刷有限公司印刷
1/24　印张：5.5
2006年1月第一版　2006年1月第一次印刷
ISBN 7-5010-1852-9/K·972　　定价:36.00元